Vragen van Carice aan Halina

beschrijf mij in 8 woorden

* elegant
* zacht
* driftig
* stoer
* oergeestig
* liefdevol
* mooi
* trouw
* slim
* kwetsbaar
* punctueel
* getalenteerd
* besty
* pure kracht
* warm
* zonder oordeel
* gepassioneerd
* smaakvol

beschrijf jezelf in 3 woorden

10 jarig meisje + verschrompelde oude vrouw. (hoeveel wrdn. te veel?)

wat is je favoriete woord?

meta perspectief → of zijn dat er 2?

wat moet er op je begrafenis gebeuren?

Wat jij wil. Serieus: wat de mensen die ik achterlaat willen. Dat is toch belangrijk, dat zij zich goed voelen?

teken de toekomst

C&H 4eva yo

Wie zou de nieuwe president van Amerika moeten zijn? (mag ook een vriend zijn)

↓ ?

OPRAH

vriendIN

Wat is jouw definitie van geluk?

dat je zonder prikkels van buitenaf → dus van binnen uit een gevoel van tevredenheid & harmonie ervaart.

Waar ben je jaloers op?

op vrouwen die te dicht bij mijn man komen

hoe ben je als je dronken bent?

ben nooit dronken

A. ~~luidruchtig~~

(B.) opgewonden → bedoel je dit sexueel?!?

(C.) praatlustig, vooral over ~~milieuzaken~~

(D.) aanhankelijk

E. ~~misselijk~~

(sorry dit is een hele domme vraag) → vooral m'n antwoorden = Niet grappig genoeg. Sorry

Ontwerp een nieuwe Nederlandse vlag

waar heb je voor 't laatst op gedanst?

gangsterrap

bestaan aliens? (wil ik graag weten) haha

Ja. bel mijn moeder
die kan je daar
meer over vertellen.

welk voorwerp uit mijn huis vind je lelijk?

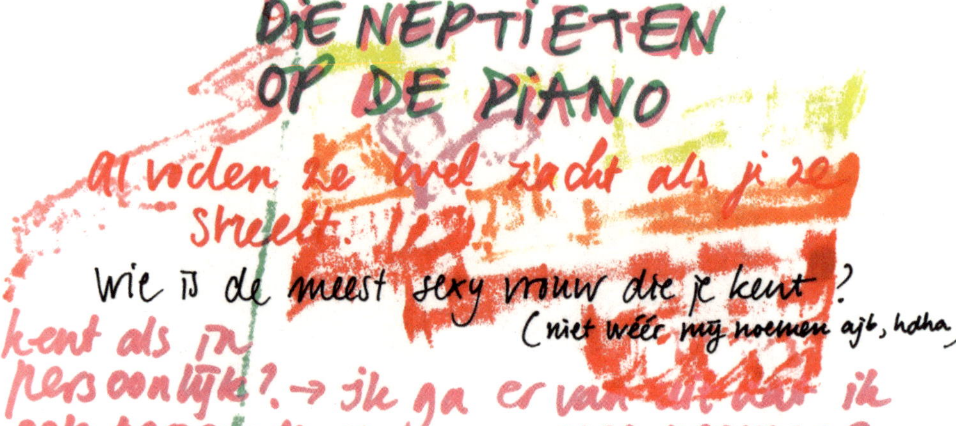

DIE NEPTIETEN
OP DE PIANO

al voelen ze wel zacht als je ze streelt.

wie is de meest sexy vrouw die je kent?
(niet wéér mij noemen ajb, haha)

kent als in persoonlijk? → ik ga er van uit dat ik ook beroemde vrouwen mag noemen?

* Anouk
* Angelina Jolie ♡♡♡♡
* Marion Cotillard

wie of wat in de wereld is ondergewaardeerd?

Moeders, vooral alleenstaande
• & dat zijn er heel veel

wat zou 't eerste zijn dat je tegen je eigen kind zou zeggen? (behalve 'hallo')

"ik zal je beschermen"

wat neem je mee als je huis in brand staat?

computer / Ipad / fotoboek dat mijn ouders voor mij maakten als kind.

teken mij als een dier

hier heb je het zelf naar gemaakt door de hele tijd met die katten-oren rond te lopen. (en door Minoes te spelen in the first place)

Teken een ~~zelf~~portret

← ogenschijnlijk heeft dit meisje NIETS met mijn hoofd van doen

Waar zou je je 't liefst verstoppen?

bij jou thuis

beschrijf verliefdheid

Gratis harddrugs.
Verraderlijk → = biologie — EGO
De kunst is een onvoorwaardelijke liefde voor je partner te voelen.

heb je een terugkerende droom ?

Vroeger: over een hele enge grote vogel.

teken je trouwjurk

Sissy zal verbleken.

Jij gaat die boel organiseren hè, dat weet je.

Hoe had je 't liefst willen heten?

Kareltje

Vroeger wilde ik echt Kareltje heten. Ik dacht dat ik een jongetje was en dat vond ik vreselijk verdrietig

Ik ben zeer tevreden met mijn naam. Vooral omdat in NL niemand Halina heet. (toch??)

C:

**Wat is je favoriete tongplek?**

H:

**Amstelveld op een bankje.**

C:

**Ik heb het nog niet gedaan maar ik wil heel graag onder De Passage van het Rijksmuseum zoenen.**

H:

**Oké, ik bied me aan als kandidaat.**

C:

**De Magere Brug is ook een sfeervolle tongplek.**

H:

**Ik merk dat je me negeert.**

C:

**Totaal.**

(Stilte)

C:

**Dit is alles wat ik over dit onderwerp te zeggen heb.**

H:

**Meer informatie heeft men niet nodig.**

GRACE
A MEMOIR
CODDINGTON

# CARICE EN HALINA OVER:

Als kind werd ik doodgegooid met de natuur. Eigenlijk had de natuur een hoofdrol in ons leven. Niet alleen trokken wij er om de haverklap op uit om over een wad te gaan lopen, van een duin af te sleeën, boom te klimmen en strand te jutten, nee wij leefden ook nog eens letterlijk in en van de natuur. Op ons enorme erf verbouwde mijn vader alle groenten zelf en we hadden kippen en soms zelfs kalkoenen voor de nodige eiwitten. Een vakantie betekende voor ons geen gezellig bungalowpark met subtropisch zwemparadijs, wij gingen naar een natuurcamping. Niet te verwarren met de naturistencamping, want die was volgens mijn ouders voor ordinaire mensen.
De hoeveelheid kilometers die ik tijdens mijn jeugd wandelend heb afgelegd is niet te tellen. Mijn zus en ik konden op den duur geen natuur meer zien. We smachtten naar zaken

die onnatuurlijk waren: plastic voorwerpen, chemisch gecreëerd voedsel, synthetische kleding. Niemand begreep ons wanneer wij minutenlang in speelgoedwinkels aan plastic poppen snoven, alsof we derdewereldkinderen waren met een pot lijm in onze handen. Wij werden high van alles wat niet van hout, klei, steen of wol was gemaakt. Maar zoals dat gaat met opgroeien en volwassen worden, verander je langzamerhand in hen die jou hebben voortgebracht. Datgene waartegen je je zo halsstarrig hebt afgezet, blijkt diep in je wezen verankerd te liggen. Ook dat is natuur. Waar ik vroeger mokkend meegetrokken moest worden richting bos, neem ik nu zelf het initiatief tot een fikse wandeling. De rust en stilte van de bomen, het water, de aarde zijn mijn nieuwe high. Geen gezondere drug dan deze.

# VROEGER

afgeleid

C̄

# 'Toneelspeelster, zangeres, kinderboekenschrijfster, detective of astronaut.'

Gelukkig wist ik altijd wat ik wilde worden. Toneelspeelster, zangeres, kinderboekenschrijfster, detective of astronaut. Maar tot die tijd moest ik bijbaantjes doen. Ik begon in een jeugdherberg. Lekker afwisselend, soms als afwasster, soms als kamermeisje en soms als ober.
Het afwassen ging me het beste af. Kamermeisje zijn vond ik verschrikkelijk, opruimen zat al niet in mijn natuur en zeker niet het opruimen van gebruikte pubercondooms, die ik toen nog nooit gezien, laat staan gebruikt had.
Als ober bakte ik er ook geen reet van, ik heb een keer een grote pan preisoep over iemand heen gegooid. Per ongeluk, uiteraard. Ook heb ik een zomer bessen geplukt. Lekker buiten, maar geestdodend: lopendebandwerk in de openlucht.
De zomer erop werkte ik achter de kassa bij de buurtsuper.

Ook hiervoor bleek ik ongeschikt. Elke dag werden er tientallen guldens kasverschil opgemerkt. Allemaal uit mijn kassa. Ik snapte er niets van. Later zou ik een 1,2 voor mijn centraal schriftelijk eindexamen wiskunde halen.
Ook in de zorg waren ze me liever kwijt dan rijk. Een tijdje werkte ik bij de thuiszorg. Ik maakte schoon bij bejaarden, maar al snel bleek dat ze dat opruimen helemaal niet belangrijk vonden. Ze hadden natuurlijk vooral behoefte aan aanspraak. Veel te lang bleef ik bij ze hangen. Kwam te laat bij de volgende bejaarde. Hun eenzaamheid kroop me onder de huid. Ik vond ze allemaal zielig. En ik vond soms gebitjes in laatjes en schrok me dan dood. Aan dat soort mensen heb je niet veel in de zorg. Gelukkig vertelde een helderziende me ooit dat ik geen actrice ben geworden, maar bij geboorte al was. Dus er zat toch niet veel anders op.

‘Daar stond ik: een zwartharige, bleke puber in een leren jasje op zoek naar iets.’

c̄

Ik zoende voor het eerst toen ik vijftien was. Ik had vriendinnen die op hockey zaten, dus mocht ik mee naar het hockeyfeest bij hockeyclub Kampong. Ik was driftig op zoek naar een identiteit. Ik had gekozen voor de alternatieve look: zwartgeverfd haar, zwart leren jasje, stoere laarsjes, gebatikte rokken en platte Chinese fluwelen ballerina's. Ik was eigenlijk een Oilily-hippie. Ik wist dat ik uit de toon zou vallen tussen de jongens en meisjes op het hockeyfeest, maar dat wilde ik ook. Ik wilde op de een of andere manier opvallen. Ik voelde me dan ook een echte rebel toen ik het clubhuis binnenliep, een lid van de T-Birds uit *Grease* in een club vol Olivia Newton Johns en jongens in poloshirts. Ik hoorde er echt niet bij. Daar stond ik: een zwartharige, bleke puber in een leren jasje op zoek naar iets. Wat dat was wist ik ook niet. Toen zag ik de dj. Hij torende als in een droom boven de kakkersmassa uit. Ik wist ineens wat ik zocht: zijn aandacht. Gelukkig was dat wederzijds en binnen een halfuur stond hij tegenover me en drukte mij een hoekje in naast een speaker waar keihard '(Everything I Do) I Do It For You' van Bryan Adams uit klonk. Hij duwde me nog dieper het hoekje in en stopte zijn tong in mijn mond. Ik werd duizelig, alles draaide, maar ik vond het heel lekker. Toen Bryan klaar was met zingen stopte de jongen ook met zoenen. Hij heette Alex en hij werd een week later 24. Mijn opwinding maakte plaats voor acute stress: hij was volgende week al jarig en ik wist echt niet wat ik voor hem moest kopen!

Het was al laat en ik moest op tijd thuis zijn, dus met pijn in mijn hart nam ik afscheid, maar ik had verkering! Ik was zo gelukkig.

Dat gevoel duurde precies tot onder aan de trap van het clubhuis toen mijn vriendin zei dat Alex diezelfde avond met nog drie andere meisjes had gezoend.

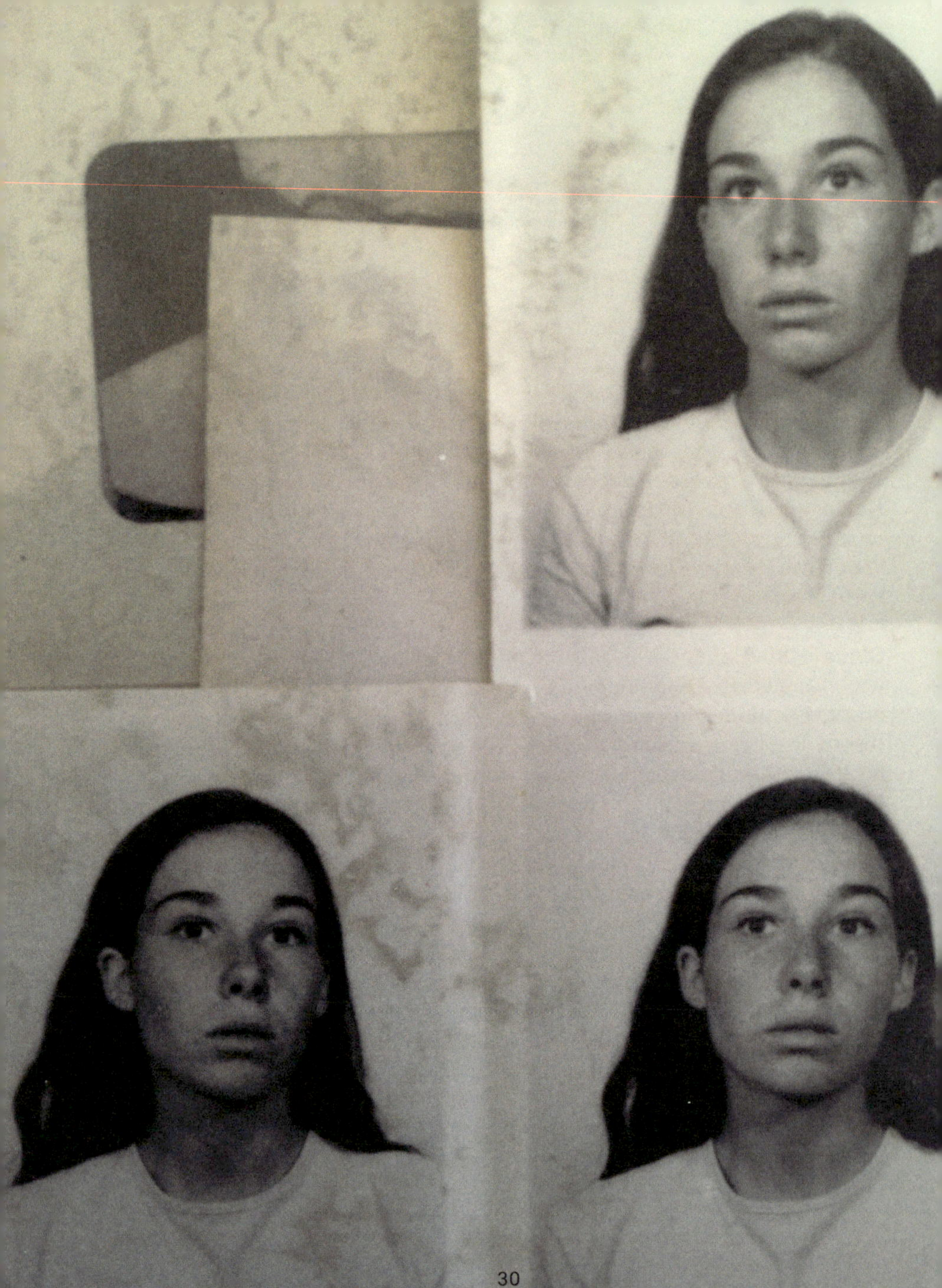

H

# ‘Dan mot je actrice sijn en dat ben je nait.’

Bij ons thuis stond geen televisie. Mijn ouders dachten dat televisiebeelden de ontwikkeling van de ziel van het kind zouden verstoren met als gevolg dat ik met niemand kon praten tijdens de pauzes op het schoolplein. Ik had geen idee wie De Freggels waren, ik hapte naar adem als iemand mij vroeg of ik het ook zo ‘gaaf’ vond dat Nils Holgersson de gans uit de klauwen van de vos had bevrijd. Tijdens elke pauze stonden mijn zus en ik verdekt opgesteld bij de bosjes of het fietsenhok. Zwijgend aten wij onze zuurdesemboterhammen met kikkererwtenpasta terwijl onze schoolgenoten onder het genot van witbrood met worst kwetterden over Theo en Thea. Aan ons lijden kwam een abrupt einde toen mijn moeder een nieuwe oppas inhuurde. Greet was een echte Groningse meid met rode wangen, dikke kuiten en een vrolijke lach. Zo eentje met een Australian-trainingsjack die Belinda light-sigaretten rookte. Een uur lang sloeg ze mij en mijn zus gade terwijl we met houten speelgoed en non-descripte lap-

pen stof onze fantasie de vrije loop lieten waardoor 'onze zielen zich optimaal konden ontwikkelen'. Plotseling stond ze op en griste de houtblokken uit onze kinderhandjes. 'Dit,' riep ze uit met een zeurderig Gronings accent terwijl ze naar het primitieve speelgoed staarde, 'slaat echt helemaal nerg'ns op!' Kordaat greep ze onze zelfgehaakte jasjes van de kapstok en duwde ons naar buiten. Nog geen halfuur later zaten we voor het eerst in ons leven in een bioscoop verbijsterd te staren naar bewegende beelden. Iedere scène staat nog altijd in mijn geheugen gegrift. Terwijl Greet een reuzenbak popcorn leeg vrat was ik getuige van een roodharig weesmeisje dat niemand meer had behalve een of andere zwerfhond die ze op straat vond en die haar gezelschap hield. Het weesmeisje zong en danste gepassioneerd en mijn zusje en ik vroegen ons in stilte af of de ontwikkeling van onze ziel nu definitief tot stilstand was gekomen. *The sun will come out, tomorrow!* snerpte Annies kleuterstem door de speakers en ik stootte Greet aan en zei: 'Ik wil dat ook doen. Ik wil ook in die film.' Greet trok haar wenkbrauwen op en vrat rustig verder. 'Dat ken nait,'

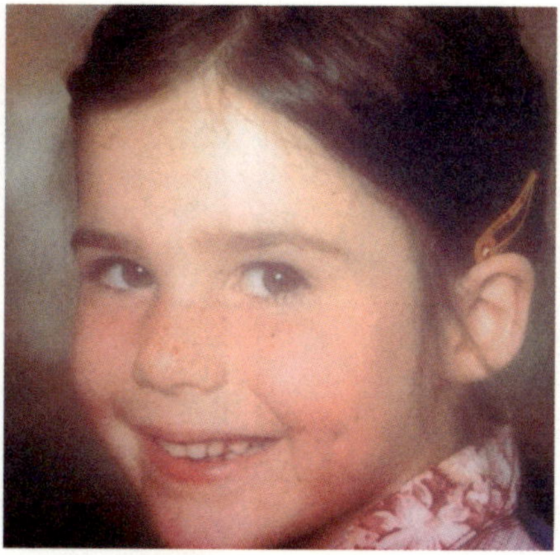

siste ze stug. 'Dan mot je actrice sijn en dat ben jij nait.'
Eenmaal thuis deelde ik mee dat ik eindelijk wist waarom ik op de aarde was. Gebiologeerd hingen mijn ouders aan mijn lippen. Het bioscoopbezoek betreurden ze natuurlijk, maar ze hadden Greet warm glimlachend toevertrouwd dat het karmisch gezien vast een specifieke betekenis had.
'Ik wil actrice worden,' zei ik.
Ze knikten instemmend. Actrice? Waarom niet. Het kind weet zelf het beste wat goed voor haar is. De volgende dag begon mijn vader een theaterzaaltje te bouwen in ons huis en mijn moeder belde rond om een toneelclub voor me te vinden. Ik was blij dat ik wist wat ik later wilde worden, maar de hoofdzaak was dat we iets te vertellen hadden op school. Tijdens de pauze stonden mijn zus en ik midden op het plein met een enorme kring kinderen om ons heen. Niemand durfde ons te onderbreken terwijl wij de tijd namen om uitgebreid verslag te doen van Annies zoektocht naar haar ouders.
'Weet je wat het is?' zei ik rustig toen ons verhaal afgelopen was. 'Tv is uit, bioscoop is in.'

# ‘Met klamme handjes nam ik per ongeluk plaats naast Joris, de stoerste en rijkste jongen van de klas op wie ik tot over mijn oren verliefd was.’

Op zo’n vijftig meter afstand van het katholieke schoolgebouw dwong ik mijn ouders de zesdehands roestige eend tot stilstand te brengen en me eruit te laten. Het idee dat mijn klasgenoten mijn bebaarde kunstenaarsvader en in paarse gewaden geklede hennamoeder in het ronkende voertuig zouden zien, dreef me tot wanhoop. In het klaslokaal had onze juffrouw de stoeltjes al klaargezet in een grote kring, voor het jaarlijkse groepsgesprek. Met klamme hand-

jes nam ik per ongeluk plaats naast Joris, de stoerste en rijkste jongen van de klas op wie ik tot over mijn oren verliefd was.
'Zo, welkom terug allemaal!' zei de juffrouw vrolijk met een Gronings zeuraccent. Opgetogen keek ze ons aan. 'Wie wil er als eerste dan?'
Ik greep me vast aan de stoel en probeerde uit alle macht te verdwijnen in Joris' schaduw. Stephanie, Tinka, Barbara, Roosje, Anna en Annelie priemden met hun netjes gelakte, schone wijsvingernageltjes in de lucht. Oorverdovend gegiechel steeg op uit het wespennest. Ze konden niet wachten om elkaar af te troeven met verhalen over hun avonturen in Frankrijk, Italië, Spanje, Amerika, Azië of weet ik veel naar welk exotisch land ze deze zomer op vakantie waren geweest.
'Halina, waarom heb je je handen voor je oren? Wil je niet horen wat Roosje gaat vertellen dààààn?'
Nee, het interesseerde me geen zak wat Roosje zou gaan vertellen, maar braaf legde ik mijn handen in mijn schoot en keek met een quasiverwachtingsvolle blik Roosjes kant op.
'Oké... Nou, eerst gingen we dus met mijn vaders zeilboot naar Corsica,' zei Roosje.
Uit alle macht probeerde ik een leugen te verzinnen. Met geen mogelijkheid kon ik deze normale leeftijdsgenoten verslag doen van mijn vakantie in een zelfgebouwde

wigwam van steigerpalen in onze eigen achtertuin. Ik kon moeilijk gaan vertellen hoe we van de woonkamer via de keuken naar de tuin reisden om de zomer door te brengen in mijn vaders kunstwerk. Wat zou Joris ervan vinden als hij zou weten dat we op vijf meter afstand van ons huis tofubrokken op de barbecue hadden gelegd en schaars gekleed met veren in ons haar muziek hadden gemaakt op eigenhandig gefabriceerde instrumenten? Dat ons vakantieadres geen hotel was, maar dat onze vakantie plaatsvond in onze tuin? Ik zou de kans op verkering met Joris definitief hebben verpest.
'En Halina, waar ben jij allemaal geweest dan deze zomer?'
Strak van de zenuwen stond ik op van mijn stoel en schreeuwde met gesloten ogen en veel te luide stem: 'De Costa del Sol, juffrouw! Daar schijnt de zon altijd!'
Het was doodstil na deze verrassingsaanval. Zelfs de juffrouw wist op deze strijdkreet niets te zeggen. Opgelucht zakte ik terug in mijn stoel en keek vol trots naar Joris.
'O, vandaar dat je zo bruin bent zeker!' zei hij en twintig kinderen staarden naar mijn spierwitte benen. Een daverend lachsalvo maakte een abrupt einde aan mijn triomfmoment.
Mijn ouders besloten nog diezelfde avond om mij over te plaatsen naar de vrije school, waar alle kinderen raar zijn en merkkleding taboe is. Waar Joris Thor heette en Stephanie Bloem.

# VRIENDSCHAP

INTERVIEW

# 'Carice is een bootwerker in het lichaam van een elfje.'

Ik heb Carice voor het eerst ontmoet tijdens de audities voor de toneelschool, een zenuwslopende aangelegenheid. Ik was meteen gefascineerd door haar; wat een prachtig meisje, net een elfje. Ze had heel mooie laarsjes aan en daar heb ik wat over gezegd, zo kregen we contact. Toen ik haar zag spelen wist ik dat ze heel goed was. De audities duren bijna een jaar en in dat jaar leerden we elkaar steeds beter kennen; we hadden enorm veel raakvlakken.
Uiteindelijk ging zij naar de kleinkunstacademie in Amsterdam en ik naar de toneelschool in Maastricht. Na twee jaar werd ik van school

gehaald door toneelgezelschap De Trust om voor hen te gaan spelen. Dat was een eenzame tijd en ik ging vaak op het terras van de toneelschool in Amsterdam zitten om mensen van mijn eigen leeftijd te zien. Carice hing daar ook de hele dag rond en zij was ook al aan het werk en succesvol. We vonden elkaar in de eenzaamheid; we waren allebei een beetje verloren. Door ons vroege succes verliep ons pad anders dan dat van onze leeftijdsgenoten. We steunden elkaar, vroegen elkaar advies; Carice kwam ook altijd kijken naar alle rollen die ik speelde. We hadden allebei zo'n gevoel van, weten wij veel? Iedereen zag iets in ons wat we zelf nog helemaal niet zagen en dat vonden we allebei beangstigend.

In die tijd waren we koplopers, maar nu zitten we weer in een soort isolement samen, want we hebben zo ongeveer als enigen van onze vrienden geen gezin. Nu hebben onze leeftijdsgenoten allemaal professioneel succes en zijn wij losers op een ander vlak.

Er zijn altijd verschillen tussen ons geweest, maar ook veel overeenkomsten. We kregen al jong allebei een relatie met een man met kinderen bijvoorbeeld; ook daarin vonden we

steun bij elkaar. Op een gegeven moment werd onze vriendschap een soort symbiose. Dat hebben we toen wel benoemd; dat we ook los van elkaar moeten kunnen bestaan.

Carice is een bootwerker in het lichaam van een elfje. Ze heeft een grove, spitse, bijna mannelijke humor waar ik verschrikkelijk om kan lachen. Ze kijkt op een manier naar het leven die ik heel prettig vind. Als we ons samen door de wereld bewegen dan doen we waar we zin in hebben en houden we ons niet aan beleefdheidscodes. We treden de zaken met humor tegemoet: of het nu om een gynaecologisch onderzoek of om een première gaat, als we samen zijn valt er altijd wat te lachen.

Carice is ongelooflijk trouw. Zij is, naast mijn zus, degene die ik bel als ik in de shit zit. Ze oordeelt nooit, nog minder dan ik. Dat is bijzonder en fijn. Ik vind haar een liefdevolle adviseur en ze kan heel goed praten over mijn werk; ze geeft me de kracht om beslissingen te nemen.

Carice is intelligent en kan oeverloos luisteren: ze is mijn klankbord. Ieder probleem neemt ze serieus, waardoor ik me veilig voel bij haar. En ze is punctueel en vergeet nooit je verjaardag; zo ben ik jammer genoeg helemaal niet. Ze is de enige persoon op de wereld met wie ik knuffelig ben, terwijl ik fysiek contact haat.

De connectie die ik met Carice heb is niet alleen maar een leuke vriendschap. Het is een heel diepe band die niet te rationaliseren is. Een connectie die soms bijna meer voelt als een relatie dan als een vriendschap. We zijn echt een stelletje, behalve de seks. Nou ja, soms zoenen we, voor de grap. Vriendschap is voor mij van levensbelang, omdat ik relaties veranderlijk vind. Ik vind het uiteindelijk belangrijker dan de liefde. De mensen om mij heen, mijn vriendengroep, mijn zus en mijn zwager, Esmé, Hadewych, Géza, Carice: dat is mijn gezin. Ik heb dat altijd al geweten: ik moet investeren in mijn vriendschappen. In de loop der tijd heb ik minder vrienden gekregen, maar wel hechtere vriendschappen. De band met de mensen in mijn vriendengroep is onvoorwaardelijker dan ik ben tegengekomen in de liefde, want die band is voor altijd. Mijn relaties zijn neurotischer, obsessiever. Tot op heden functioneer ik beter in vriendschappen dan in de liefde: het maakt me gelukkiger. Ik heb een dynamisch leven en vriendschappen brengen me rust.

INTERVIEW

# ‘Wat ons bindt is pijn, een diepe existentiële eenzaamheid die we in elkaar herkennen.’

Halina woonde in een rommelhok in de Govert Flinckstraat. Ze had daar mooie foto’s van zichzelf aan de muur hangen en ze had wat met acteur Fedja van Huêt, ze was echt al een soort ster. Ik vond haar volwassen.

Het meest bijzondere aan Halina is dat ze andere mensen zoveel gunt. Daar kan ik om huilen als ik het vertel, zo lief vind ik dat. Ze stelde haar leven voor me open, ze liet me echt binnen. Toen ze bij De Trust wegging stelde ze me enthousiast voor aan Theu Boermans, de regisseur: ‘Kijk ook eens naar haar!’, zo lief van haar. Als je tegen haar zegt: ‘Wat een mooie schoenen heb je aan,’ dan zegt ze: ‘die moet je ook kopen!’

Halina zegt altijd tegen mij: iedereen heeft zijn eigen pad. Je moet je niet te veel spiegelen aan anderen, aan hun levens, aan wat ze wel en niet hebben. Ze is spiritueel opgevoed en heeft een diepe overtuiging van dat soort dingen. Daardoor is er weinig competitie tussen ons. Natuurlijk zijn we weleens jaloers op elkaar, maar dat gaat nooit ten koste van onze vriendschap. We zijn allebei geen conflictopzoekers.

We vechten irritaties uit per sms, dat is meestal genoeg en soms bellen we. Ik vind het verschrikkelijk om ruzie met haar te hebben, dat voelt heel onveilig. Maar er is zoveel liefde tussen ons dat het altijd weer goed komt.

Wat ons bindt is pijn, een diepe existentiële eenzaamheid die we in elkaar herkennen. We komen weliswaar uit een andere gezinssituatie, toch lijken onze pijnpunten op elkaar. Bovendien zijn we beiden niet opgevoed met veel principes,

we zijn niet burgelijk. Dat bindt ons ook.

Als wij met z'n tweeën zijn ontstaat er een ander idioom, een andere taal. Er zijn veel momenten dat onze gesprekken kant noch wal raken. We maken zinnen niet af, gebruiken babypraat, *jabbertalk*: het is allemaal heel associatief omdat we zo vertrouwd zijn met elkaar. Als er dan iemand bijkomt wil ik meestal weer normaal gaan praten, maar Hali gaat soms nog lekker door, heel grappig. Halina is meer een tweelingzus dan een vriendin. Mensen denken geloof ik dat we een relatie hebben en elkaar totaal kapotscharen.

Naast Halina en onze gezamenlijke vrienden heb ik ook nog een groep zeer dierbare vrienden van de kleinkunstacademie die als een soort familie voor me zijn. Ik zie ze helaas niet meer zo vaak dan voorheen. We hebben allemaal een bloeiende carrière. Maar Oud en Nieuw vieren we nog ieder jaar samen: een hele week pingpongen, koken, praten, klaverjassen, knuffelen; dat zijn de dagen van het jaar waar ik het meest naar uitkijk.

CH

C:

**Wat vind je het leukste geluid in Amsterdam?**

H:

**Ik hou niet van stadsgeluiden. Te veel prikkels. Ik hou niet van geluiden in het algemeen en ook niet van muziek.**

C:

**Ik vraag 't alleen maar omdat ik precies weet wat ik het lekkerste geluid vind van Amsterdam.**

H:

**Wat dan?**

C:

**Ik hou gewoon van dat Amsterdamse klokkengelui of hoe zeg je dat... bijvoorbeeld de Westertoren en het Rijksmuseum hebben een lekker klokkenspel.**

H:

**Waarom vind je het zo leuk dan?**

C:

**Dat geeft me een typisch Amsterdamgevoel vanbinnen. Ik vind het fijn, ik vind het rustgevend, dan hou ik van deze stad.**

H:

**Wat intens.**

C:

**Laat me met rust mens.**

H:

**Hoe zag jij Amsterdam toen je klein was?**

C:

**Ik dacht dat alle mannen eruitzagen als Huub van der Lubbe.**

H:

**En de vrouwen dan?**

C:

**Die bestonden niet.**

H:

**Ik dacht dat Amsterdam eruitzag zoals in *Bij nader inzien*, die serie van Frans Weisz. Mijn droom was om onophoudelijk onder het Rijksmuseum door te fietsen, want dat deden die lui in *Bij nader inzien* ook altijd. En ik logeerde een poosje bij Porgy Franssen die in die serie speelde.**

C:

**O, is dat die serie met die mooie muziek van Theo Nijland?**

H:

**Weet ik veel. Ik let nooit op muziek.**

C:

**Ik heb die serie nooit gezien maar die muziek was prachtig. Trouwens, er waren wel vrouwen in mijn meisjesdromen over Amsterdam, die vrouwen zagen er allemaal uit zoals Simone Walraven. Die vroeger *Countdown* presenteerde, weet je wel. En toen werd ze actrice in *Donna Donna*, dat was mijn lievelingsfilm.**

H:

**Dit is zó jaren negentig.**

C:

***Whatever.***

C:

**Waar erger je je aan in Amsterdam?**

H:

**Dat gesjok van die kuttoeristen. En die fietstaxi's... dat je niet gewoon vooruit kan. Ik heb een hoog looptempo.**

# AMSTERDAM OUTSIDE IN

INTERVIEW

# 'Alle Amsterdammers vond ik eigenlijk eng: zo onvriendelijk en hard. Het was doodnormaal om "Hé, kijk eens es uit, trut!" naar je hoofd geslingerd te krijgen.'

Ik ben in Amsterdam geboren in een piepklein appartement aan het Vondelpark, maar daar weet ik niks meer van. Mijn ouders besloten nog voor ik twee jaar was om naar een afgelegen dorp op een dijk te verhuizen om daar samen met andere hippies een commune-achtige woongroep te stichten. Die vorm van samenwonen was geen lang leven beschoren. Al snel hielden mijn vader en moeder het collectieve geitenwollensokkenleven voor gezien en ze stichtten hun eigen biologisch-dynamische huishouden in een oude timmermanswoning in Wildervank.

Ik was 16 toen ik een rol kreeg in *Pril geluk*, een serie die werd uitgezonden door Veronica. Er was een

appartement voor me gehuurd aan de Sarphatistraat, recht tegenover het Sarphatipark, bij een stewardess en haar gezin in huis. Een prachtige plek. Maar ik waardeerde het totaal niet. Amsterdam was groot en bedreigend in mijn ogen. Ik kon nauwelijks de weg vinden en was doodsbang om met mijn fietswielen in de tramrails terecht te komen. Daarom liep ik vooral, met mijn fiets aan de hand.
Ik kende helemaal niemand; als ik niet moest filmen zat ik thuis op de bank. Urenlang heb ik daar televisiegekeken en zitten wachten tot ik weer werd opgehaald om te filmen. Ik wist niet goed hoe ik mijn tijd door moest komen en het kwam niet in me op iets te gaan ondernemen, naar een museum te gaan of zoiets. Op de Albert Cuypmarkt om de hoek wilde ik al helemaal niet zijn: ik vond die bijdehante marktkoopmannen doodeng. Alle Amsterdammers vond ik eigenlijk eng: zo onvriendelijk en hard. Het was doodnormaal om 'Hé kijk es uit, trut!' naar je hoofd geslingerd te krijgen. Als ik in het weekend naar mijn ouderlijk huis ging, loog ik glashard tegen m'n vriendinnen dat ik een fantastische tijd had en de wildste avonturen meemaakte. Hun belangrijkste vraag aan mij was: heb je nog bekende Nederlanders gezien?

Acteur Porgy Franssen, die ik had leren kennen op de set van *Pril geluk*, was meer dan bereid om mij onderdak te verschaffen. Ik mocht zelfs al mijn uit de klei getrokken Groningse vriendinnen meenemen.

Porgys huis stond in het hart van Amsterdam-Zuid. Voor mij was de buurt een regelrecht paradijs. Overal rijke kakkers met rode broeken en waxjassen, dure delicatessenzaken, imposante auto's en keurig geknipte heggen, een verademing na al het weeë hippiegedoe waarmee ik was opgegroeid. Eindelijk veilig op Porgys grote bank, waar ik samen met Heike, Doortje en Marit de nacht doorbracht voor ik de volgende dag naar een casting ging. Zijn appartement had voor mij iets betoverends. Overal hingen theaterposters en -foto's aan de wanden, Gouden Kalveren en toneelprijzen stonden zij aan zij opgesteld in de boekenkast. De acteur die ik kende van de toen populaire serie *Bij nader inzien* liet mij zomaar binnen in zijn leven. Hij kookte voor ons, liet ons uren badderen, las ons voor en vertelde alles over het artiestenbestaan. In mijn buik klapwiekte een zwerm vlinders als ik in zijn badjas door het huis rende. Ik was tot over mijn oren verliefd op de toekomst.

Nu heb ik de wereld gezien, een jaar in L.A. gewoond, en waardeer ik Amsterdam nog meer. Het is natuurlijk kneuterig hier: kleine straten, weinig grote pleinen, maar toch is het een grote stad. Het is een unieke combi van een dorp en een metropool. Het is intiem, veilig, en we leven midden in een monument: de grachten zijn net een soort museum. Ik doe alles op de fiets, dat is zo anders dan in L.A., waar je altijd in de auto zit en een soort toeschouwer blijft. Op de fiets voel je je één met je omgeving.

10227
P

INTERVIEW

# 'Ik was altijd de hort op met een plastic zakje met een onderbroekje en mijn beer erin.'

Toen ik achttien was kon ik eindelijk in Amsterdam gaan wonen, omdat ik was aangenomen op de kleinkunstacademie. Ik ben opgegroeid midden in een bos, in Amelisweerd, maar op een gegeven moment was ik wel uitgewandeld en was mijn thuissituatie verdrietig dus wilde ik weg. Amsterdam stond voor mij voor de bewoonde wereld, het vrije leven, avontuur, van die beelden die ik nu meer zou associëren met New York. Ik verheugde me er dus enorm op, maar het werd een grote deceptie. Ik kwam terecht in een troosteloos flatgebouw achter het Javaplein in Oost. Nu is het daar hip, maar er was toen nog helemaal niks behalve die ene grote en foeilelijke flat. Ik huurde een kamer van een soort tante van me, waar alleen een eenpersoonsbed in paste. Het was net een gevangenis. Toen mijn zus langskwam vroeg ze voor de grap: 'Hoelang moet je nog zitten?'

Ik kon en wilde niet thuis zijn, dus ik ging zwerven: ik was altijd de hort op met een plastic zakje met een onderbroekje en mijn beer erin. Als de school dichtging bleef ik hangen bij de conciërge, op een klein zwart-wit-tv'tje voetbal kijken. En als de conciërge naar huis ging, liep ik alleen naar café De Doffer om de hoek van school en knoopte gesprekjes aan met vreemden en soms wat ouderejaars. Die waren veel gedisciplineerder dan ik en gingen op een gegeven moment naar huis, eten of slapen. Ik wandelde dan naar de Reguliersdwarsstraat; dat was de enige plek waarvan ik wist dat er 's nachts nog van alles te doen was. In de disco's daar had ik weinig te zoeken, ik was op zoek naar veiligheid, dus ging ik naast de grote uitsmijter bij de deur zitten. Van hem had ik niets te vrezen. Soms kwam ik een jongen tegen die me naar huis wilde brengen, maar dat stelde ik dan zo lang mogelijk uit. Als ik maar niet naar dat kamertje hoefde, in die betonnen wereld.

De studiefinanciering joeg ik er altijd meteen doorheen in een heel dure kledingzaak om de hoek van mijn school. Het gevolg was dat ik dan vaak geen geld meer overhield om te eten, maar ik zag er in ieder geval goed uit. Aan de buitenkant kon niemand zien hoe ongelukkig ik was. Ik leefde op de pof bij snackbar De Pinguïn ergens in de 9 Straatjes; daar haalde ik broodjes kaas. Toen ik me daar niet meer durfde te vertonen ben ik weleens 's nachts de school binnengegaan met de sleutel die ik had, om een pak crackers op te halen waarvan ik wist dat het daar nog stond. Ik zorgde niet goed voor mezelf; er gingen dagen voorbij dat ik helemaal niet douchte. Ik denk wel dat mensen zich zorgen om me maakten, maar die konden me niet bereiken. En ik kon het goed verbloemen met die dure kleren.

Ik ben in de negentien jaar dat ik in Amsterdam woon wel twaalf keer verhuisd. Ik was een rusteloos figuur. Ik heb in een appartement gewoond waar nooit iemand op bezoek is geweest behalve mijn zus. Je kon er letterlijk niet lopen, overal op de grond lagen stapels spullen, meestal kleren. Ik had een pad gemaakt van mijn slaapkamer naar de douche en van de douche naar de buitendeur. In mijn keuken was ik al maanden niet geweest, omdat ik er een keer een muis had gezien. Mijn koelkast was dan ook een broedplaats van schimmels geworden. Op een dag rook het raar in mijn huis. Ik besloot op te gaan ruimen. Stapel voor stapel bracht ik kleren naar de wasserette. Toen ik een van de stapels nat uit de machine haalde, vond ik daarin de zoekgeraakte dode muis. Hij was doder dan dood, maar wel schoon.

Ik ben ook een keer met ruzie vertrokken uit een huis omdat ik totaal

geen huishoudelijke *skills* had. Ik liet alles beschimmelen, ruimde niets op. Op een gegeven moment kwam ik in Oost terecht, boven café Ruk & Pluk en ging samenwonen met een heel lief en georganiseerd klasgenootje. Zij nam mij onder haar hoede, ze kookte en verzorgde me. Sinds 2008 woon ik op dezelfde plek. Het huis is gekocht. Helaas heb ik er in het begin nogal veel pech mee gehad, maar twee jaar geleden is het helemaal verbouwd. Ik heb daar een heuse binnenhuis-architecte voor ingehuurd, Dorith Jessurun. Samen hebben we mijn

huis geheel opnieuw bedacht. Het is veel werk, veel beslissingen nemen. Dat is iets waar ik niet heel sterk in ben. Bovendien heb ik nogal een eclectische smaak. Ik hou van warme huizen met Perzische tapijten, kussens op de grond, open haard en veel rood, maar ik hou ook van strak, hout, wit, Scandinavische no-nonsense-inrichting. Uiteindelijk heb ik gekozen voor de meer neutrale kleuren, omdat ik nog steeds veel rotzooi maak.
Ik heb nauwelijks primaire kleuren in mijn huis.
Alles is *off*. Alles wat een beetje rust uitstraalt is meegenomen. Dit huis is het eerste huis waar ik me thuis voel. Waar ik wil zijn. Waar ik nooit bang ben om alleen te zijn. Waar ik trots op ben. Waar ik naartoe wil. Waar ik gelukkig ben.

Lik the orthopedic
son of a bitch!!!
Ludwig
THE
BEATLES

# ‘Je moet leren weggooien en stoppen met kopen.’

Toen ik zeven jaar geleden mijn huis kocht, verzoop ik in de hoeveelheid ruimte. Planken in inbouwkasten bleven leeg, rekken lieten plek voor nieuwe jurken, alles voelde licht en transparant. Ik kon me niet voorstellen dat ik de benauwde sfeer van mijn huurwoninkje in De Pijp ooit zou ervaren in mijn eigenhandig nieuw aangeschafte kasteel. Inmiddels barst het ganse paleis uit haar voegen van de hoeveelheid paperassen, kleding en apparatuur onder mijn duurbetaalde dak. Nergens is rust te vinden in mijn woonark. Overal liggen stapeltjes, bergjes en hopen. De werkster weet zich ook geen raad meer. Iets anders dan verschuiven van de ene kant van de tafel naar de andere en wat dweilen tussen de puinhopen door zit er niet meer in. Toegegeven: als de werkster is geweest ziet het er allemaal vrij aardig uit, maar schijn bedriegt. In wezen heeft die stapel opgevouwen kleren geen bestemming. Er kan simpelweg nergens meer iets bij. Heb ik dan zoveel gekocht? Ben ik dan echt hebberig en grenzeloos? Ik lijk wel zo'n enge verzamelaar uit een RTL4-programma die geholpen moet worden door een team van therapeuten om weer een normaal leven te kunnen leiden. Rijd de container maar voor, dan kunnen we onder toeziend oog van de camera’s

de hele zooi bij het grofvuil zetten. Ik ben klaar met deze snuisterijenwinkel waarin mijn paleisje is veranderd, ik wil mijn ordentelijke huishouden terug.
Van binnenhuisarchitecte Dorith Jessurun, die Carice aan een prachtig interieur heeft geholpen, heb ik geleerd dat je over je huis altijd in het 'nu' moet denken: 'Anders gebruik je die ene kamer nooit omdat je er misschien ooit iets anders mee wil doen. Je leeft in het heden, dus creëer je ideale huis in het heden.'
Ik weet niet eens waar ik een hamer en spijkers zou moeten kopen, dus ben ik opgelucht door de aanwezigheid van lieve, verstandige, warme Dorith. 'Schat,' zegt ze vriendelijk, 'je moet leren weggooien en stoppen met kopen.'
Ik kan wel door de grond zakken van schaamte. 'Als je dat onder de knie hebt gaan we je huis verbouwen.'
De eerste afspraak met Dorith heeft meer weg van een diepgaand psychologisch consult dan van een zakelijke ontmoeting. De logeerkamer roept allerlei issues op over samenwonen, baby's en logeerpartijen. Ze luistert aandachtig, stelt vragen en pluist uit waar de problemen zijn.
Je huis als afspiegeling van je ziel. Kalm loopt ze door mijn voormalige kasteel en toont mij mogelijkheden waaraan ik zelf nooit zou hebben gedacht. Denkbeeldig verplaatsen we muren, ontwerpen kasten en hangen lampen op waar nu kale plafonds zijn. Haar expertise maakt me rustig. Ik voel dat mijn huis maakbaar is. Dat ik de zaak zelf in de hand heb. En als alles hier weer op orde is, volgt mijn ziel natuurlijk geheel vanzelf.

VALKYRIE

llywood
Monday
Tuesday
Wednesday
Thursday

← **H: Dit is mijn lievelingsschilderij allertijden. Het schijnt bewezen te zijn dat vrouwen vaak beginnen te huilen wanneer ze het voor het eerst in het echt zien, omdat het allerlei grote levensthema's in zich draagt: vergankelijkheid, dood, onschuld, goed, kwaad, seksualiteit enz. De hele rataplan. Ophelia was mijn eerste rol ooit. Toen begon het leven.**

C: Zeven jaar geleden zag ik dit schilderij van Caravaggio. Ik liep er achteloos langs, maar het jongetje op het schilderij trok me terug. We keken elkaar aan en de tranen sprongen in mijn ogen. Ik hield meteen van hem. Toen ik wegliep voelde ik me rot dat ik hem zo in zijn eentje in een groot museum moest achterlaten. →

*BELLEN MET ZIJN TIENEN TEGELIJK*, BASED ON TRUE EVENTS, WRITTEN BY HALINA REIJN.

EXT. CEINTUURBAAN DAG 1992

*Carice (zestien jaar oud, iets te bleek, zwart-geverfd haar, schouders hoog opgetrokken) loopt over de Ceintuurbaan, in haar hand draagt ze een koffertje.*
*Vol verwondering kijkt ze om zich heen naar de smalle huizen, de luid klingelende trams, de enorme hoeveelheid mensen die zich langs haar wurmen en allemaal op weg lijken te zijn naar belangrijke, niet te missen afspraken.*

*Bij pianowinkel Sanders vertraagt ze haar pas, loert even naar de prachtig glimmende piano's in de etalage en loopt dan naar binnen.*

INT. PIANOWINKEL DAG

*De winkel is leeg. Achter de toonbank staat de oude, vriendelijke meneer Sanders.*

Carice (opgewekt): Ik kom de sleutel ophalen. Mijn oom heeft hem bij jullie achtergelaten, zei hij.

Sanders: Ben jij het kleine nichtje uit het bos?

Carice: Klopt. Dat ben ik hoor. Het is de eerste keer dat ik in mijn eentje ga logeren in Amsterdam. Ik mag helemaal alleen in het huis van oom Stefan. Dan kan ik vast een beetje kijken hoe het is...

*Terwijl meneer Sanders in een laatje rommelt op zoek naar de sleutel babbelt Carice er lustig op los.*

Sanders: Hoe wat is?

Carice: Om hier te wonen, voor later. Ik wil namelijk actrice worden. Op de kleinkunstacademie leer je behalve acteren ook dansen en zingen. Het is heel moeilijk om daar aangenomen te worden, maar omdat ik al wat ervaring heb, maak ik hoop ik wel kans.

**Als het niet lukt wil ik kinderboekenschrijfster worden maar daar is geen opleiding voor. Ja behalve natuurlijk Nederlands studeren aan de universiteit.**

***Meneer Sanders luistert maar half naar haar spraakwaterval, overhandigt haar de sleutel en duwt haar zachtjes richting uitgang.***

**Carice: Kent u mijn oom? Vindt u hem aardig?**

***Knikkend laat hij haar naar buiten, de straat op.***

**INT. TRAPPENHUIS HUIS OOM STEFAN**

***Carice loopt de steile trap op die bedekt is met zacht tapijt zoals ze wel vaker heeft gezien op de tafeltjes van een Jordanees café als ze met haar oom wat ging drinken.***

**INT. WOONKAMER OOM STEFAN**

***Het is doodstil in het vrijgezellenhuis van Stefan. Carice staat midden in de ruime woonkamer met open keuken. Haar jas en koffertje heeft ze in een hoek gegooid. Eenzaam wipt ze van haar ene been op haar andere en kijkt naar een vergeelde filmposter van*** **The Unbearable Lightness of Being.** ***Een grote vetplant bij het raam heeft duidelijk dorst. Wat nu? Tegen de linkermuur staat een enorme wandkast vol cd's. Onzeker drentelt ze wat rond en kijkt uit het raam naar de drukke stad beneden haar. Hongerig trekt ze de ijskast open en ziet twee blikjes bier, een tube mayonaise en een tomaat.***

***Terwijl ze muizenhappen neemt van de tomaat zet ze een cd op. 'Sowing the Seeds of Love' klinkt luid door de speaker. Ze pakt het dikke telefoonboek dat naast de bank ligt en begint erin te bladeren. Op de achterflap wordt reclame gemaakt voor 'bellen met zijn tienen tegelijk'.***

**INT. WOONKAMER OOM STEFAN**

***Carice' kleren liggen op een ongeordend stapeltje rechts van het vloerkleed. Poedelnaakt ligt***

*ze op de vloer van haar ooms huis en belt met tien mensen tegelijk.*

Carice: O, wat erg. En wanneer is dat gebeurd? (...) Zo kort geleden nog maar? (...) Ze was niet ziek? (...) O... wat vreselijk voor je. (...) Wat? Wat?? (...) Wie praat er nu? (...) Wie ligt te slapen? (...) Jóúw vrouw ligt te slapen? (...) Moet je dan niet wat zachter praten? (...) Ik heb al mijn kleren allang uit. (...) Nee, ik wil geen leuk gesprek, ik bel voor een spannend gesprek. (...) Ja ik ben ook al een paar keer weggedrukt. (...) Steil, lang en blond. (...) En jij? (...) Wow, echt? (...) Wat mooi. (...) Ik? Extreem slank (...) Ja, volle, heel volle borsten (...) groene ogen (...) en een open ruggetje (...) ja helaas (...) daar moet ik eerlijk in zijn, dat dan weer wel.

*Ze wordt weggedrukt.*

TIME LAPSE *Carice heeft zichzelf in het tapijt gerold en is nog steeds aan de telefoon.*

Carice: Oké, dus hoe laat dan precies? (...) Wel fijn dat je me apart nam. (...) Irritante lui, hè?
(...) Nee die kunnen niet tegen een gebbetje. (...) Czaar Peterstraat.(...) Oké, en waar is dat precies? (...) In Oost. Dat zegt mij helemaal niks. Ik heb ook geen kompas bij me, snap je?

INT. WOONKAMER NACHT

*De muren van het huis staan vol met graffiti. Er zijn nauwelijks meubels, op een bankje en een tv na. Aan de ene kant van het bankje zit Carice, aan de andere kant Kuno (24, kort haar, skatekleren). Er wordt intens gezwegen. De stilte is haast onverdraaglijk.*

Carice: Ik heb honger.

Kuno: Ik heb niks in huis.

*(stilte)*

Kuno: Er is een snackbar in de straat.

*(stilte)*

**Carice: Ik wil graag een kaassoufflé.**

**Kuno: O. Oké.**

***Abrupt staat Kuno op en spoedt zich naar de voordeur.***

***Weer is Carice alleen in een vreemd huis. Ze loopt naar de tv en doorzoekt een stapel video's.***

**EVEN LATER:**

***Carice zit op het bankje en kijkt gebiologeerd naar een film. Haastig keert Kuno terug met een klein zakje van de snackbar. Behoedzaam, alsof hij bang is haar uit haar concentratie te halen, gaat hij naast haar zitten en geeft haar de soufflé.***
***Zwijgend staren ze samen een tijdje naar de tekenfilm totdat Carice opspringt en zegt dat ze naar huis moet om de plant water te geven.***

**Kuno: Natuurlijk. Een plant heeft ook behoeftes.**

***Instemmend knikkend loopt Carice naar de voordeur.***

**Carice: Bedankt voor alles. Vooral voor de kaassoufflé, die was van opvallend goede kwaliteit.**

**EXT. AMSTERDAMSE STRAAT NACHT**

***Opgelucht loopt Carice naar huis. Ze neuriet 'Sowing the Seeds of Love' en is duidelijk vrolijk zo helemaal alleen in de grote stad. Wie weet wat haar nog allemaal te wachten staat.***

**EINDE**

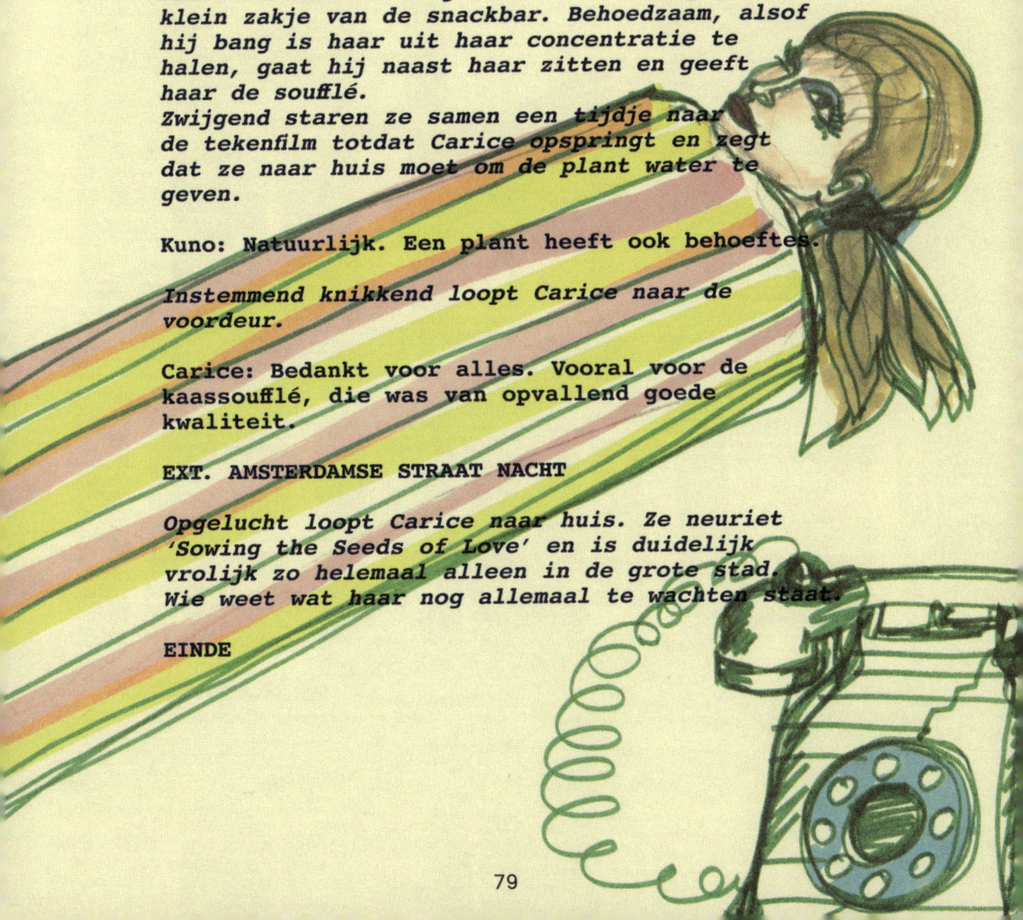

# AMSTERDAM INSIDE OUT

De Wibautstraat is de lelijkste straat van Amsterdam. Punt.

Het Museumplein is een farce in mijn ogen, terwijl het vroeger zo prachtig was, met Parijse allure: die brede weg met statige bomen erlangs. En moet je nu kijken: een dramatisch ontwerp, gedecoreerd met foeilelijke paarse prullenbakken en bankjes en een ondefinieerbaar rond betonnen geval ergens in het midden. Ik kom er bewust zo min mogelijk. De make-over van de Dam vind ik ook geen succes, met die keitjes. Ik begrijp niet waarom het op deze manier is gedaan. Toeristen, trams, auto's en fietsen, het gaat allemaal ongecoördineerd door elkaar. Het is heel onduidelijk, er gebeuren ook vreselijke ongelukken.

ortel
€10=€30
€20=€70
KLINCH

# VERBORGEN HANGPLEKKEN

Wij zijn vaste klant van het CONSERVATORIUM HOTEL (Van Baerlestraat 27) en vinden het dus heerlijk om te hangen in de lounge of te genieten van de sportschool en de prachtige spa beneden. Het uitzicht vanaf het dakterras van het DOUBLETREE BY HILTON (Oosterdoksstraat 4) is adembenemend.

De tuin van HOTEL PULITZER (Prinsengracht 315-331) is in de zomer een geweldige plek om thee te drinken. In de lounge van THE DYLAN (Keizersgracht 384) kun je je opkrullen op de zachte banken en staren naar het haardvuur.

Het AMSTEL HOTEL (Professor Tulpplein 1) heeft een mooi terras waar je in de zomer naar de vele bootjes kunt turen. Als je verliefd bent en je wil ongestoord dronken worden met je nieuwe vlam, dan zijn hotelbars uitstekende plekken om je samen te verstoppen. Freddy's Bar van HOTEL DE L'EUROPE (Nieuwe Doelenstraat 2-14) is net een decor voor een broeierige film.

# VERBORGEN SCHATTEN

## MUSEUM VAN LOON

Dit museum (Keizersgracht 672) wordt vanwege het prachtige interieur vaak gebruikt als locatie voor een fotoshoot of film. Het is een uitstekende plek om op adem te komen midden in de drukke stad. Dit huis, dat gebouwd werd in de zeventiende eeuw, was van een regentenfamilie en is tegenwoordig opengesteld voor publiek. Behalve dat de inrichting prachtig is, is vooral de tuin een hoogtepunt. Je kunt er in alle rust een kopje thee drinken.

## PLLEK

Een van de leukste adressen om te bezoeken in Amsterdam-Noord is Pllek (Tt. Neveritaweg 59). Het ligt op een industrieterrein en is inventief gebouwd van oude zeecontainers. Je hebt er een geweldig uitzicht over het IJ. Het gebouw doet robuust en stoer aan, maar eenmaal binnen blijkt de sfeer huiselijk en knus. Het eten is lekker, biologisch en betaalbaar. Als je er even wil werken: ze hebben supersnel glasvezelinternet! Ook geven ze yogalessen, kun je gemasseerd worden en schenken ze detoxcocktails.

## FOAM

Tegenover het Museum Van Loon zit het fotografiemuseum Foam (Keizersgracht 609). Hier zijn vaak bijzonder inspirerende exposities. Gevestigde namen als Helmut Newton en Diane Arbus, maar ook het werk van jonge Nederlandse fotografen wordt hier tentoongesteld. Een van onze favoriete plekken om naartoe te gaan in de stad. Ook het café is geweldig; je kunt hier lekker en gezond lunchen.

## BEGIJNHOF

Midden in het centrum van Amsterdam ligt het Begijnhof, een veertiende-eeuws hofje. Er staat een prachtig kerkje omringd door oude huisjes. Die huisjes zijn bestemd voor alleenstaande vrouwen.

## EYE

Er is veel te doen geweest rond dit gebouw (gelegen aan IJpromenade 1). De een vindt het spuuglelijk, de ander vindt het een architectonisch hoogstandje. Voor ons is het vooral een prettige plek om op een lome zondagmiddag naartoe te gaan met het pontje en te eten, een film te zien en cadeautjes te kopen in het winkeltje. De locatie is waanzinnig, het terras is uitnodigend en vooral de programmering is voor ons aantrekkelijk. Hier kun je bijvoorbeeld *The Master* (de meest recente film van Paul Thomas Anderson) zien op 70 mm, maar kun je ook je Engelse vriend meenemen naar een Nederlandse film met ondertitels.

OPHEFFINGSUI
Christos Zot
OPHEFFINGSUITVERKOOP
SALES
30%
SALES

RKOOP
SALES
30%
EL. 622 88 05

# KOPEN

Bij SKY (Herengracht 228) verkopen ze veel Franse kleding. Het ruikt er lekker en de mensen die er werken zijn vriendelijk, eerlijk en bekwaam. Als je van winkelen houdt is Sky een gevaarlijke plek, niet omdat ze je iets aansmeren maar omdat ze prachtige stukken kiezen uit de collecties van onder andere A.P.C. en Isabel Marant. Ze verkopen ook een eigen merk, genaamd She Rebel.

LOCKSTOCK & BARREL (Hartenstraat 26) is opgericht door twee jonge vrouwen met een indrukwekkende smaak. Ze verkopen veel Scandinavische merken en bijzondere sieraden. De winkel is met zorg en liefde ingericht.

Er zijn fantastische vintagewinkels in Amsterdam. Als je een feestjurk wilt van een duur merk, maar je wilt er geen honderden euro's aan uitgeven, dan ben je bij TAMAGO (Spiegelgracht 13), SALON HELEEN HÜLSMANN (De Lairessestraat 13B) en PS-ATELIER (Oude Spiegelstraat 10) aan het goede adres.

In de P.C. HOOFTSTRAAT vind je alle klassieke designerwinkels, van Chanel tot Prada, van Louis Vuitton tot Gucci. In de winkels van Azzurro, die zich aan de Van Baerlestraat-kant bevinden, kun je je lol op als je geld wil uitgeven. Alle mooie merken zijn er te koop. Maar ook als je niks te besteden hebt is het zeer amusant om door de P.C. Hooftstraat te wandelen en je te vergapen aan vrouwen met hair-extensions, dure auto's, vreemde hondjes en rijke mannen met grote zonnebrillen. Nergens ter wereld is het gebied met de bekende designerstores zo klein als in Amsterdam. De Hollandse nieuwe rijken verdringen zich dan ook om met hun belachelijk grote auto's een parkeerplaatsje te bemachtigen en lopen elkaar op zaterdagmiddag bijna omver op de trottoirs.

De hele UTRECHTSESTRAAT is een aanrader als je wil winkelen in Amsterdam, van duur en smaakvol (Centre Neuf / Marc by Marc Jacobs) tot betaalbaar (Labels). Ook bevindt MAISONNL zich in deze straat, op nummer 118. Een schattig winkeltje, opgericht door twee hartsvriendinnen. Ze verkopen alles wat ze zelf zouden willen hebben: van lampen tot babykleertjes, van zijden jurken tot prachtige armbandjes. Iets verderop kun je je bij CONCERTO onderdompelen in muziek en film. De mensen die er werken zijn stuk voor stuk experts. Sinds kort kun je er ook terecht voor koffie in het Concerto Café (nummer 52-60). Absoluut onze lievelingswinkel in Amsterdam.

BUISE (Cornelis Schuytstraat 12) en 2 (Cornelis Schuytstraat 33) verkopen exclusieve, te gekke merken die in prijs variëren van betaalbaar tot duur.

Verder zijn we groot fan van de BIJENKORF (Dam 1) omdat je er alles bij elkaar hebt en ze sinds een paar jaar een zeer goede kledingafdeling hebben waar je Isabel Marant, Joseph, Maje, Sandro en Topshop et cetera kunt kopen. Je kunt er ongestoord passen in de ruime kleedhokjes. De meisjes en jongens die er werken zijn nooit opdringerig maar altijd deskundig als je om advies vraagt.

Ik hou niet van koffie. C.

# KOFFIE

De KOFFIE SALON (Utrechtsestraat 130) stond op nummer één in de Koffie Top-100. Ze maken heerlijke koffie, krakend verse croissants en er hangt een prettige, huiselijke, vriendelijke sfeer. Tijdens spitsuur moet je wel even in de rij staan voor je bakkie troost.

Een favoriete plek voor een supercappuccino is FIOR DI GELATO (Nieuwe Spiegelstraat 56), waar je in de zomer ook terecht kunt voor handgemaakt ijs en in de winter voor heerlijke pasta's.

BAKERS & ROASTERS (Eerste Jacob van Campenstraat 54) is een klassieke lunchroom, gerund door een groep dertigers uit Nieuw-Zeeland. Speciaal voor de niet-melkdrinkende mens: de soy latte is een absolute aanrader.

Bij PALLADIUM aan het LEIDSEPLEIN (Kleine Gartmanplantsoen 7), dat al vanaf tien uur open is, zitten we vaak te schrijven of tekst te leren en schenken ze geweldige koffie.

Lom
Ambachtelijk belegde broodjes
SPIEGELKWARTIER
NO VACANCY
LOMBARDO'S
ACH
50

# ONTBIJT EN LUNCH

Als je van gezond eten houdt ben je bij BUFFET VAN ODETTE (Prinsengracht 598) aan het juiste adres. Bijna alle ingrediënten en producten waarmee ze werken zijn biologisch en eigenares Odette is een vriendelijke warme vrouw, die altijd aanwezig is in haar restaurant. Het is er soms enorm druk, dus reserveren is aan te raden. Ons lievelingsgerecht is met stip de truffelomelet.

Ook bij het JUICE&SALAD CAFÉ (Vijzelstraat 135) kun je supergezond eten zonder dat de maaltijden aan smaak verliezen. Elke salade is voedzaam en lekker. De fruitsappen zijn ongeëvenaard.

Bij MOUSTACHE (Utrechtsestraat 141) kun je van alles eten, van lekkere salades tot sappige burgers, en ze schenken goede koffie en thee. Bovendien hangt er een aangename ontspannen sfeer. Eigenaar Tim heeft het oude café omgetoverd tot een populair restaurant.

PALLADIUM aan het LEIDSEPLEIN lijkt misschien een vreemde keuze voor ontbijt of lunch omdat het vaak geassocieerd wordt met voetballers en hun vrouwen (niets mis mee overigens) maar in de ochtend is het er heerlijk rustig en de salades en broodjes zijn van zeer goede kwaliteit. De bediening is on-Amsterdams hoffelijk.

In PANINI (Vijzelstraat 3-5) kun je ouderwetse Italiaanse espresso's drinken en heerlijke broodjes en pasta's verorberen.

# DINER

## IZAKAYA

In Izakaya (Albert Cuypstraat 2-6) is het altijd vol en kun je, als je het geluk hebt een tafel te bemachtigen, overheerlijk Aziatisch eten en misschien nog wel heerlijkere alcohol drinken. De cocktailmixers achter de bar vertonen indrukwekkende kunsten, zijn charmant en maken de lekkerste drankjes. Omdat er in hetzelfde gebouw een hotel gevestigd is, Sir Albert, hoef je niet meer naar huis als je te dronken wordt. Het is erg lastig om een goede plek te krijgen in dit restaurant. Ook laat het bedienend personeel soms iets te duidelijk merken dat er een volgende groep gasten wacht. Als je de koortsige avonddrukte wil vermijden kun je er ook terecht voor een rustige lunch.

## CONSERVATORIUM HOTEL

Het Conservatorium Hotel (Van Baerlestraat 27) heeft twee restaurants. Beide van zeer goede kwaliteit. Wijzelf geven de voorkeur aan de brasserie en de zachte banken van de lobby, maar als je een keer een financiële meevaller hebt is Tunes een uitstekende plek voor een deftig diner.

## RIJSEL

In Rijsel (Marcusstraat 52b) is het altijd druk en warm. De open keuken geeft het restaurant een bedrijvige, energieke sfeer. De bediening is uitmuntend. Wij werden meteen verliefd op de mooie meisjes in hun strakke zwarte jurkjes, en verstand van zaken bleken ze ook nog te hebben. Het eten is goed. De toetjes verleidelijk lekker.

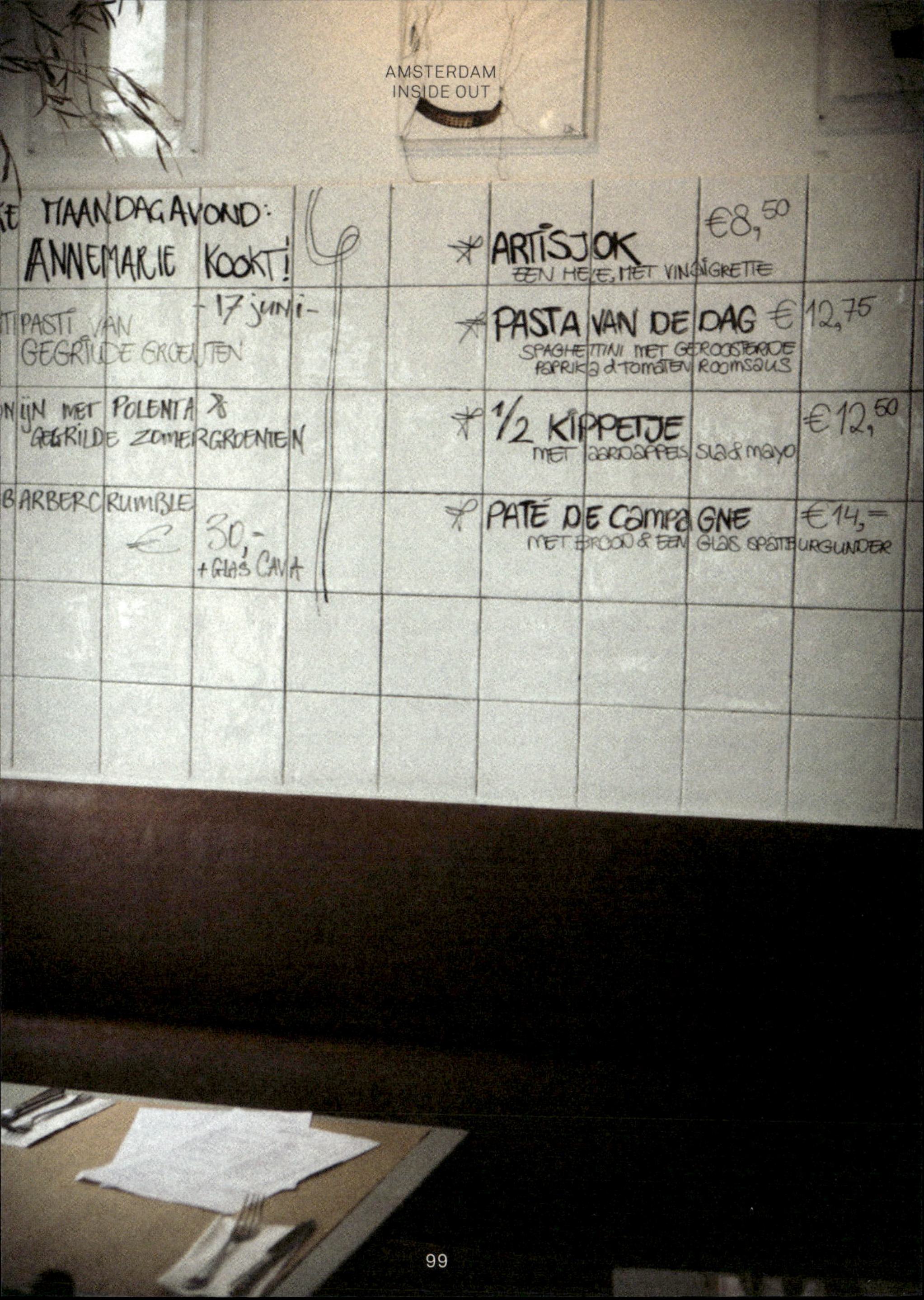
MAANDAGAVOND:
ANNEMARIE KOOKT!
-17 juni-
PASTI VAN
GEGRILDE GROENTEN
LIJN MET POLENTA &
GEGRILDE ZOMERGROENTEN
BARBERCRUMBLE
€ 30,-
+ GLAS CAVA
ARTISJOK €8,50
EEN HELE, MET VINAIGRETTE
PASTA VAN DE DAG € 12,75
SPAGHETTINI MET GEROOSTERDE
PAPRIKA & TOMATEN ROOMSAUS
1/2 KIPPETJE €12,50
MET AARDAPPELS, SLA & MAYO
PATÉ DE CAMPAGNE €14,=
MET BROOD & EEN GLAS SPÄTBURGUNDER

## UMI

Voor sushi gaan we graag naar Umi (Lange Leidsedwarsstraat 71a). We eten daar altijd hetzelfde: ebi tempura maki, maar onze kennissen en vrienden hebben ons ervan weten te overtuigen dat de andere gerechten ook erg lekker zijn. De service is goed en ze hebben – volgens ons als enige in Amsterdam – *mochi*, een bolletje ijs in een rijstomhulsel. Toegegeven, als je niet beter weet zou je haast denken dat je in een testikel bijt, maar desondanks zeer smakelijk.

## RESTAURANT THE RED SUN

Dit is een duurder sushirestaurant (Olympiaplein 176), maar ook uitgebreider. Ook hier is het personeel erg vriendelijk en bekwaam. Een absoluut geschikte plek om van achter je sake mensen te kijken. De meest interessante types schuiven aan om te genieten van de zeer gevarieerde kaart. Als je iets anders wil dan alleen wat simpele sashimi en misosoep, is dit een aanrader. Heel lekker!

## PALLADIUM

Deze populaire tent blijkt geschikt voor alle maaltijden. Als we hier dineren nemen we altijd de *ladysteak*. Een overheerlijk mals stuk vlees met jus en patat. Ook serveren de mooie meisjes witbrood bij de biefstuk om in de jus te dopen. De warme chocolade als toetje is gekmakend lekker. Om tien uur 's avonds gaan de stoelen aan de kant en begint de dj harde muziek te draaien. Je moet ervan houden, maar wij hangen graag aan de bar, bestellen scroppino's en jagen de vastgoedmensen en wannabe-voetbalvrouwen de schrik op het lijf met onze woeste hippiedans. De manager runt de zaak op bekwame en elegante wijze.

## RESTAURANT MARIUS

Dit restaurant ademt intimiteit. Als je verliefd bent en je wil romantisch dineren, dan ben je hier (Barentszstraat 173) op de juiste plek. Het is klein en heeft nog het meeste weg van een gezellige woonkamer. Marius, de kok, is helemaal verliefd op zijn vak en dat kun je proeven. Met passie vertelt hij over het eten en als je iets niet lekker vindt, maakt hij waar je bij staat een ander gerecht. Verstand van wijnen heeft Marius ook. Echt zeer de moeite waard.

## RESTAURANT LOETJE

Loetje (Johannes Vermeerstraat 52) staat bekend om z'n biefstukken. En dat is dan ook het enige wat je daar kunt eten. Biefstuk met jus, frietjes en salade. Maar wel het allerlekkerste biefstukje dat je ooit hebt geproefd. Je kunt niet reserveren, dus wees op tijd. Veel studenten en advocaat-/makelaarachtige types komen hier.

## FYRA

Bijzonder lekker eten voor een relatief goede prijs. Carice is een moeilijke eter en vindt alles lekker in dit restaurant (Noorderstraat 19-23). De sfeer is ontspannen en aangenaam. Er komen geen mensen bij je tafel staan die een drie uur durende lezing houden over een geprakte wortel op een bed van spinazie, maar er wordt simpelweg goed voedsel geserveerd op een prettige manier. Het is zelfs mogelijk om de koks van Fyra naar je huis te halen waar ze in je eigen vertrouwde keuken een diner voor je zullen bereiden.

## ANNA

In deze buurt, die toebehoort aan striptenten en hoerenhuizen, verwacht je misschien niet zo snel een deftig restaurant. ANNA (Warmoesstraat 111) is een uitzonderlijke oase van rust in een roerige straat. Het eten is lekker en de bediening vriendelijk en ontspannen. Echt een plek om je ouders mee naartoe te nemen, of een zakenrelatie. In eerste instantie zullen ze een beetje schrikken van de drukte en de gekte om zich heen, maar zodra je ze de drempel van ANNA over duwt slaken ze een zucht van opluchting. Een goed restaurant op een typisch Amsterdamse locatie.

## RESTAURANT GEORGE

George heeft drie restaurants in Amsterdam. Halina's favoriet is die aan de Leidsegracht 84. Het gebraden kippetje en de lamskoteletten zijn haar lievelingsgerechten. In tegenstelling tot bijna alle andere cafés en restaurants in Amsterdam kun je hier de hele dag eten bestellen van dezelfde kaart. Ideaal voor mensen zoals wij, die soms om vier uur 's middags willen ontbijten.

# FILMS KIJKEN

## CINECENTER

Cinecenter (Lijnbaansgracht 236) loopt over van de goede smaak. Je hoeft geen film te kiezen, je kijkt gewoon hoe laat er een draait en je gaat zitten. Iedere film die zij vertonen is goed.

## EYE

Zie Verborgen schatten (pagina 87).

## PATHÉ CITY

Pathé City aan het Leidseplein (Kleine Gartmanplantsoen 15) is onze favoriete bioscoop vanwege de lekkere stoelen en de kleinere hoeveelheid muizen dan in de andere grote bioscopen van Amsterdam.

## TUSCHINSKI

De films waarin wij spelen gaan heel vaak in première in Tuschinski (Reguliersbreestraat 26). De prachtige jugendstilzaal is uniek. Toen *Valkyrie* in première ging bleef Tom Cruise maar jubelen over de bizarre schoonheid van deze bioscoop.

top 10 favoriete films Carice
(in willekeurige volgorde)

1. Magnolia - P.T. Anderson
2. A Seperation - Asghar Farhadi
3. Dancer in the dark - Lars von Trier
4. The lives of others - Florian Henckel von Donnersmarck
5. Tootsie - Sydney Pollack
6. The last picture show - Peter Bogdanovich
7. Singing in the rain - Stanley Donan
8. Manhattan - Woody Allen
9. City lights - Charlie Chaplin
10. Pan's Labyrinth - Guillermo del Toro
(11). E.T. - Steven Spielberg
(12). Amour - Michael Haneke

The piano teacher –
Michael Haneke
Lost in translation –
Sofia Coppola
Scarface – Brian De Palma
Who's afraid of Virginia Woolf
– Mike Nichols
A Woman under the Influence –
John Cassavetes
BORGMAN – Alex van
Warmerdam
Drive – Nicolas Winding Refn
Last TANGO in Paris –
Bernardo Bertolucci
Wolf – JIM Taihuttu
Dangerous Liaisons –
Stephen Frears
Heat – Michael Mann
9½ weeks – Adrian Lyne
De rouille et d'os –
Jacques Audiard

# UITGAAN

Wij gaan niet veel uit in Amsterdam omdat we ervan houden thuis te zitten met vrienden om te praten over de zin van het leven of naar domme tv-programma's te staren. Na afloop van het spelen of bezoeken van een voorstelling drinken wij standaard een cola-light in STANISLAVSKI (Leidseplein 26), het grand café van de Stadsschouwburg, of we verstoppen ons in een hoek van de foyer van het DeLaMar Theater (Marnixstraat 402), waar rond een uur of elf 's avonds een serene rust neerdaalt. Als we in een bijzonder vrolijke bui zijn drinken we graag cocktails en gin-tonics in het CONSERVATORIUM HOTEL, THE BUTCHER (Albert Cuypstraat 129), of IZAKAYA. Op die plekken kunnen we ongestoord onze gang gaan en verstaan de barmannen en -vrouwen hun vak als ze een drankje voor je bereiden. Als we in zeer uitzonderlijke gevallen onze dansschoenen uit de kast halen, is dat omdat er ergens in de stad een partij wordt gegeven. Wij hebben een aantal goede vrienden die feesten organiseren of dj zijn, dus onder hun professionele begeleiding betreden wij de Amsterdamse *party scene*. Meestal vinden die feesten plaats in PARADISO (Weteringschans 6-8), de CHICAGO SOCIAL CLUB (Leidseplein 12), AIR (Amstelstraat 24) of BITTERZOET (Spuistraat 2).

# MANNEN KIJKEN

(c̄)

## Mijn ideale man →

In mijn zoektocht naar de ware liefde was ik geruime tijd smoorverliefd op Paul de Leeuw. Ik was 17, hij 31. Hij kende mij natuurlijk niet. Maar ik kende hem als mijn broekzak. Met beangstigende regelmaat had ik licht-erotische dromen over hem. Het meest verliefd was ik op z'n bruine twinkelogen en z'n tanden (die heel lang recht staan en dan aan 't eind een beetje aflopen). Zelfs als Bob de Rooij deed hij mijn bakvissenhart harder kloppen. Op de dag dat ik in Amsterdam auditie deed voor de kleinkunstacademie droomde ik weer van Paul. We renden als in een slechte film sentimenteel in slow motion naar elkaar toe en terwijl ik hem om de hals viel en me aan hem vastklampte als een aapje, riep ik vanuit de grond van mijn hart: 'Wibautstraat!', de enige straat die ik kende in Amsterdam.

Een paar uur later stapte ik zenuwachtig het auditielokaal binnen. Daar zat Hij, in de jury. Mijn 'gezonde zenuwen' gingen over in een ongezonde hysterie. Als in een waas zong ik 'Telkens weer' van Willeke Alberti, speelde een stukje proza van Remco Campert en deed mijn bonus-act: een Elvis Presley-imitatie. Toen ik klaar was draaide ik me om naar de jury en zei: 'Mag ik nog één ding zeggen? Het gaat over hem,' en wees naar Paul de Leeuw. Het was nu of nooit, ik MOEST en ZOU hem zeggen hoe ik me voelde. 'Ik droom over je,' zei ik, met grote urgentie. Paul keek ongemakkelijk om zich heen en mompelde iets als 'misschien moet je me dat in de pauze maar vertellen.' Ik hoorde de rest van zijn woorden niet meer. Het maakte ook niet meer uit. Ik had mijn liefde verklaard. En hij had mij, bleek later, ook verklaard. Voor gek. Ik werd ondanks dit incident aangenomen. Mijn eerste workshop op school werd gegeven door Paul de Leeuw. In een van de lessen liep ik huilend de klas uit. Paul liep achter mij aan en troostte me. Ik klemde me om hem heen als een aapje. En de liefde was voorbij. Ik besefte dat hij symbool stond voor het theater, het vrije leven, Amsterdam. Maar ik was nu zelf een Amsterdammer. Ik had hem niet meer nodig. Maar nog steeds heb ik een zwak voor hem. En z'n scheve tanden.

K
K

De grote liefde van mijn leven, de man met wie ik eigenlijk wilde trouwen, mijn veilige rots, mijn idool, mijn superman is allang dood. En juist daarom kan niemand hem overtreffen. In elke andere man zoek ik zijn gezicht, zijn gedrag, zijn kracht. Meestal zitten die 'andere mannen' daar niet op te wachten maar ik ben onverbiddelijk en duw ze met kracht in de rol die ik ze heb toebedeeld. Maar geen van allen spelen ze hem zoals ik dat wil. Ze zijn te schuchter, te lomp, te iel, te dom, te onzeker, te jong, te bang, te zacht, te normaal, te oppervlakkig, te stil of simpelweg te lief. Ik deins er niet voor terug om ze dat recht in hun gezicht te zeggen in de hoop dat ze de volgende dag beter zullen spelen. Soms help ik ze een handje door mezelf wat kleiner van stuk te maken zodat zij groter, sterker, moediger en veiliger lijken. Meer dan eens proberen de mannen mij ervan te overtuigen dat het geen zin heeft om een ander van hen te willen maken dan ze zelf zijn, waar ik dan steevast op antwoord dat HIJ in hen allemaal zit, ze moeten HEM alleen maar naar buiten laten komen. Af en toe ontmoet ik een man die lijkt te voldoen aan alle eisen. Hij is stoer en sterk, nors, dominant en onbereikbaar. Na een paar weken verdwijnen die karaktereigenschappen echter als sneeuw voor de zon en ontpopt de onoverwinnelijke strijder zich tot een zorgzame bankligger, knuffelig, sociaal en lief. Ik wil niks liefs, ik wil dominantie en mannelijke kracht, ik wil Adam zoals-ie oorspronkelijk bedoeld was: beschermende jager, met spieren en trots. Mijn zoektocht levert me niks op, behalve teleurstelling. Ik ben blijven steken in mijn tiende levensjaar, 16 mei, een uurtje of vier 's middags. De man die ik toen verloren ben, is de oerman, de blauwdruk, de man der mannen. Alle anderen zijn slechte versies van die ene.

*Mijn ideale man* →

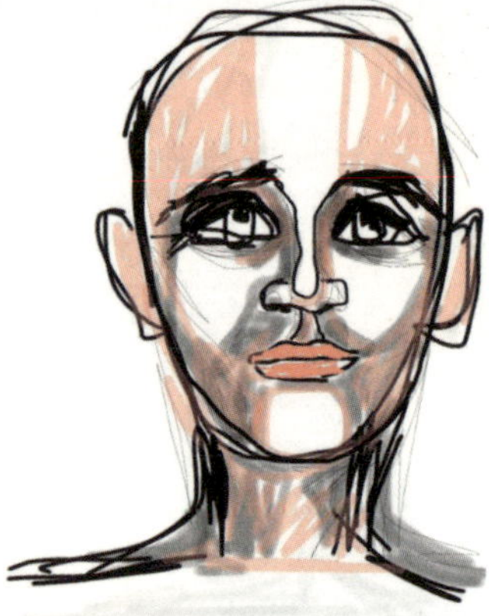

BEN·G

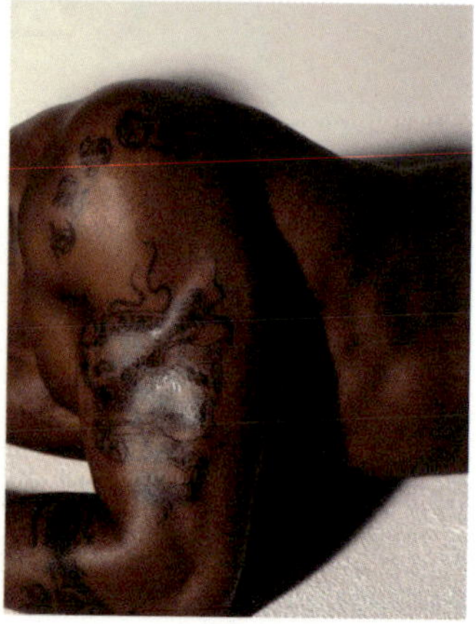

MINDS

# SEKS

'"We moeten straks de liefde bedrijven," zegt hij met een warme glimlach.'

Beschaamd sta ik te bibberen in mijn verpleegstersbloesje, en sis de kleedster zenuwachtig toe dat mijn benen te behaard zijn om te filmen. In de bittere winterkou van een verlaten ziekenhuis ergens in Den Bosch filmen wij de tv-serie *Charlie*, een remake van de *edgy* Showtime-serie *Nurse Jackie* met Edie Falco, de vrouw van Tony Soprano uit *The Sopranos*, in de hoofdrol. In Nederland mag ik de rol van cynische, naast de pot pissende, aan de medicijnen verslaafde verpleegster en moeder van twee kindjes op mij nemen. De glamour die je misschien zou verwachten op zo'n filmset is hier ver te zoeken. Wij kleden ons om in de opslagruimte, jongens en meisjes door elkaar, we hebben geen verwarming, de wc is ongeveer zesenhalve minuut (ik heb het getimed) rennen vanaf de plek waar wij filmen en wordt gedeeld met een enorme hoeveelheid crew- en castleden en figuranten. Stokoude acteurs nemen plaats op wankele plastic stoelen en drinken onthand slappe koffie uit kartonnen bekertjes. Maar wij klagen niet, wij zijn tevreden en vrolijk omdat we over zo'n briljant script beschikken. Het is een feest om de zwartgallige humor, de absurde situaties en de amorele verhoudingen van onze personages uit te beelden. Niet zelden schieten wij tijdens een scène in de lach omdat de teksten zo goed zijn geschreven dat het lastig is je gezicht in de plooi te houden. Zo niet vandaag. Aan het eind van deze draaidag staat een seksscène gepland in de apotheek. Mijn tegenspeler die de taak op zich zal nemen om mij 'suf te neuken tegen een medicijnkast' zoals het in het script beschreven staat, probeert vriendelijk contact met me te zoeken. 'We moeten straks de liefde bedrijven,' zegt hij met een warme glimlach terwijl hij zijn zware arm om mij heen slaat. IJskoud weer ik hem af. Het idee dat hij binnen luttele uren zijn onbekende lichaam tegen mij aan zal drukken en ik kreunend van genot tot een hoogtepunt zal moeten komen maakt mij misselijk van afschuw. Voor een emotionele complexe dialoog draai ik mijn hand niet om, maar voor fysieke intimiteit ben ik als de dood. In het echte leven is de controlfreak in mij ook geen gemakkelijke bedpartner, maar in de niet-werkelijkheid ben ik nog minder te doen. Wat een gênante toestand. Al die mensen met wie ik al weken op een set sta zullen getuige zijn van mijn halfnaakte 37-jarige lijf dat zich schuddend van gesimuleerd plezier laat nemen door een of andere acteur die ik nog niet zou kussen al was hij de laatste man op aarde. 'Kan ik geen stand-in krijgen?' piep ik wanhopig tegen de visagist die mij helpt bij het gootsteentje om mijn lichaamshaar te verwijderen. Lachend schudt hij zijn hoofd. Even later sta ik verstijfd tegen de kast met een enorme handdoek om mij heen gewikkeld. Dertig man crew staart mij aan. Mijn tegenspeler is door mijn ijzige gedrag iedere vorm van mannelijkheid kwijtgeraakt en kijkt wanhopig naar de regisseur. Die stuurt alles en iedereen van de set behalve de cameraman. Hij gebiedt mij te gaan zitten en doet samen met de acteur voor wat hij wil zien. Het is een absurd tafereel, deze bonkige heteromannen die elkaar bespringen in de apotheek maar de keuzes van de regisseur zijn duidelijk, doordacht en zakelijk. Dankbaar imiteer ik zijn gekozen bewegingen en na elke take mag ik het shot terugkijken. Door de heldere keuzes lukt het mij op te gaan in de vrijpartij. Als de verlossende woorden 'Halina is klaar' klinken vlieg ik mijn tegenspeler om de hals en bied hem mijn nederige excuses aan. 'Misschien juist goed dat ik je totaal niet aantrekkelijk vind,' flap ik eruit. Vertwijfeld beantwoordt hij mijn omhelzing.

Over seks werd thuis heel open gepraat. Toen ik een jaar of tien was, gaf mijn moeder me het *Het groene boekje voor meisjes*, een echt jarenzeventigboekje over seksuele voorlichting. Niet lang daarna vonden mijn zus en ik *The Joy of Sex*, een beroemde hippiebijbel over seks met heel grafische tekeningen, waarvan ik me vooral de enorme bossen schaamhaar kan herinneren.
Seks boezemde me angst in. Die concrete handelingen, ik dacht: dat kan ik allemaal niet. Zoals bovenop zitten bijvoorbeeld, dat heb ik nog steeds: laat me met rust! Ik heb faalangst. Eigenlijk vind ik seks een banale, zweterige, te intieme handeling. Ik drink pas sinds een paar jaar alcohol en ik denk dat dat ook een enorme invloed heeft gehad. Pas laat kwam ik erachter dat drank of drugs vaak een rol spelen bij het begin van een relatie, want met hulp van een glas wijn zet je je sneller over je grenzen heen, terwijl ik bleef denken: wat een gedoe.

Ik ben pas laat in mijn leven voor het eerst met iemand naar bed geweest. Ik had haast. Ik dacht: ik word nu achttien, het wordt echt gênant, al mijn vriendinnen hadden het op hun dertiende voor het eerst gedaan. Ik heb de broer van een vriendin uitgekozen, een knappe en populaire jongen. Hij was heel lief, maar ik vond het heel raar en banaal allemaal. Ik was daarna wel blij: nu hoor ik erbij, dacht ik, nu ben ik een vrouw, geen nerd meer. Daarna ben ik wel een beetje losgegaan met experimenteren. Toch dacht ik altijd: ik krijg geen relatie. Dat vond ik een heel eng idee, iedereen om me heen had altijd verkering en dat wilde ik natuurlijk ook. Maar ik zag mezelf niet als verkeringstype en dat ervoer ik als een mankement. Op de toneelschool kreeg ik toch verkering, met Fedja van Huêt; een opluchting.
Als er echt chemie is tussen mij en een man en ik voel me veilig, dan durf ik plotseling alles. Dan verdwijnt mijn gêne en kan ik me helemaal in seks verliezen en ben ik initiatiefrijk... Maar omdat ik een enorme controledrang heb, gebeurt dat bijna nooit. Ik denk dat seks hand in hand gaat met het loslaten van controle en als je dat niet kunt wordt het knap lastig.

Mijn eerste kennismaking met seksualiteit was naar. Ik ben op mijn elfde aangerand in het bos door een groepje jongens. Ik zat op de fiets terug naar huis van jazzballet. Op een omgevallen boom zaten vier jongens. 'Stop even!' riepen ze naar me. Mijn eerste gedachte was: 'Ze zien me, ze zien mij als meisje!' Ik voelde me gevleid. Ik was nieuwsgierig en stapte af. Ze kwamen naar me toe en begonnen wild aan me te trekken, ik werd overal vastgepakt, er werd aan m'n gezicht gelikt. Het was doodeng. Ik weet niet meer hoelang het heeft geduurd, maar ik ben op de een of andere manier weggekomen.
Ik heb lang gedacht: ik heb het uitgelokt, ik ben immers zelf afgestapt. Ik vertelde het later wel aan mensen maar bagatelliseerde het: zo erg was het niet, ik ben niet verkracht. Toch heeft het behoorlijk impact gehad dat mijn eerste ervaring met intimiteit zo beangstigend was. Pas sinds kort kan ik de woede voelen van die gebeurtenis in plaats van de schaamte; mijn ontluikende seksualiteit werd direct geassocieerd met onveiligheid. Dat is verdrietig.
Ik had daarna wel vriendjes, maar ik was bang om écht met ze naar bed te gaan. Op een gegeven moment had ik een vriendje en zijn moeder had condooms naast het bed gelegd, dat vond ik heel eng. Pas toen ik achttien was heb ik het voor het eerst gedaan. Het was even 'floep' erin, maar ik zei al snel: 'Nee, haal maar weer weg, dat doet te veel pijn.' Het was met een student van 24 die al klaar was met de kleinkunstacademie terwijl ik nog eindexamen wiskunde deed. Ik was superverliefd op hem, ik vond hem de allergrappigste persoon ooit.
Een jaar later, in mijn zwerftijd in Amsterdam, heb ik iemand in een café opgedoken. Hij woonde in de Rivierenbuurt en kon saxofoon spelen, dat weet ik nog goed. Door hem ben ik eigenlijk pas echt ontmaagd.
Seks in combinatie met intimiteit durfde ik nooit. De daad zelf kon ik wel uitvoeren, maar ik was altijd bang iemand aan te kijken in bed, dat vond ik zó intiem. Tot ik een vriendje kreeg dat meer nadruk legde op de intimiteit dan op de techniek. Hij leerde me dat dat helemaal niet eng is, maar juist mooi.
Ik heb me nooit heel vrouwelijk gevoeld: ik zit vaak met mijn benen wijd, als

een bouwvakker. Sommige vrienden noemen me daarom Kruimeltje, denk ik. Op de kleinkunstacademie kregen we flamencoles: dan moesten we met Spaanse klakschoenen voor de spiegel heel gepassioneerd en heel vrouwelijk bewegen. Ik durfde die kant van mezelf helemaal niet te zien, ik zag alleen maar een elfjarig jochie in een jurk dat zichzelf belachelijk maakte. Ik zie mezelf niet zoals anderen me zien. Er zit een mix aan personages in mij. Dat is heel handig als je actrice bent, maar misschien wel een beetje schizofreen.
Ik kleed me nooit zo sexy. De vrouw in mij koopt vaak iets heel vrouwelijks, maar meestal neemt Kruimeltje het toch over. Op het podium, als ik zing, begin ik soms in een strakke jurk, maar meestal verruil ik die na een paar nummers voor gympen en een broek, dan voel ik me meer op mijn gemak. En sexy lingerie draag ik zelden, ik heb nog nooit een matchend setje aangehad. Een femme fatale spelen vind ik niet makkelijk en je ziet me thuis niet snel een striptease doen. Ik ben niet het type dat in de deuropening gaat staan met rode lippenstift en een sigaret en broeierig zegt: ‘Kom jij maar eens even hier, jongetje.’ Dat zit niet in mij, ik ben liever de prooi. Ik neem het initiatief niet, ik begin niet met zoenen. Ik zorg dat de omstandigheden perfect zijn, dat de ander zich zelfverzekerd genoeg kan voelen om te beginnen. En dan ga ik wel los, hoor, ha ha!
Ik zie om me heen dat de perceptie van sexy verandert. Vrouwelijke elegantie, zoals Halina dat veel meer heeft dan ik, zie je niet zoveel meer. Nu hebben meisjes in de disco allemaal platte schoentjes aan; van die American Apparel-meisjes met een *Volkskrant*knotje die op een racefiets door de stad fietsen.

Ik maak wel heel veel grappen over seks. Er staat een anderhalve meter hoog beeld van een pik in mijn huis, en er hangt een schilderij met vrijende mensen aan de muur. Ik heb heel heftige, uitgesproken en vrije seks gehad die ik heel fijn vond. Als je je helemaal vrij voelt is seks het mooiste wat er is. Het heeft dan bijna iets therapeutisch, of spiritueels.
Ik kijk ook weleens naar porno, ik vind het opvallend dat dat nog steeds een taboe is. Mannen zijn daar soms diep geschokt door. Ik vind niet alle porno leuk, sommige dingen stoten me af. Nepnagels bijvoorbeeld, daar kan ik me niet mee identificeren... En het moet wel bewegend beeld zijn, geen plaatjes, daar raak ik niet opgewonden van. Ik denk altijd dat masturberen goed is voor je geest, dat het je ontspant, afvalstoffen verwijdert, net zoiets als de sauna. Ik ben een echte effectrukker. Ik doe het niet omdat ik die films zo leuk vind, maar alleen voor het resultaat.

# 'Meer dan twaalf maanden ben ik niet aangeraakt.'

Op een paar schouderkloppen, wat vriendschappelijke knuffels en een op een hand te tellen aantal filmkussen na ben ik onaangeroerd gebleven. Ik heb een celibatair leven geleid waar een non haar vingers bij af zou likken. Niet één keer ben ik gezwicht voor de verleiding van een dappere knul die me zijn diensten aanbood. Het vermoeden van een knuffel deed mij al achteruitdeinzen. Ik was trouw aan een man in een ver land die mij alleen maar wilde bellen. Manmoedig heb ik iedere poging van figuren van het andere geslacht om mij hun bed in te lokken afgeslagen en mijn ogen gesloten voor elk aantrekkelijk lichaam dat zich in mijn blikveld bewoog. Alleen al de gedachte aan een man in mijn huis doet mij gruwen. De banaliteit van de realiteit van zwetende lijven, rubberen bescherming, ongemakkelijke gesprekken, ouder wordend vel, onhandige bewegingen, cellulitis, lichaamssappen, geuren, huid, haar en vlees, boezemen mij diepe angst in. Eigenlijk voelde ik mij meer dan elegant als onneembare vesting. Zuiver, rein, maagdelijk en onaantastbaar eenzaam, in mijn zelfgebouwde klooster, achter de hoge muren eigenhandig opgetrokken door mijn imaginaire vriend. Niemand deed mij wat in mijn Walt Disney-wereld, mijn Eftelingsprookje dat nooit zou eindigen omdat het in wezen nooit begonnen was.

'Een massage!' oppert een goedbedoelende vriendin. 'Waarom neem je niet eens een massage, dan kan je vast wennen aan handen op je lijf, intimiteit, dat soort dingen...' Meteen maak ik een afspraak. Dat is een goed idee. Lekker laten inoliën en kneden. Wie weet maken de handen van een professional mijn lichaam wakker en stomen die mijn ledematen weer klaar voor de liefdesmarkt.

Eenmaal op de tafel voel ik meteen dat het misgaat. Een struise, Hollandse deerne die net zo goed kogelstootster zou kunnen zijn, legt haar grote witte handen op mijn rug. Zachtjes drukt ze op mijn spieren. Langzaam glijdt ze naar beneden met haar dikke vingers en ik kan alleen maar huilen als ze mijn ribben raakt, mijn bovenbenen betast, mijn knieholtes voorbijglijdt en mijn billen in haar handpalm houdt. Tranen druppelen door het gat van de tafel op de grond. Bij elke aanraking voel ik dat het niet zijn handen zijn die mij betasten, maar die van een echt mens van vlees en bloed. Tot schrik van de kogelstootster kom ik plotseling overeind en sla mijn armen om haar vette lichaam. 'Sorry,' mompel ik maar ze stelt geen vragen. Ze beantwoordt mijn omhelzing door me tegen haar warme borst te drukken en me zachtjes heen en weer te wiegen tot ik ben uitgehuild.

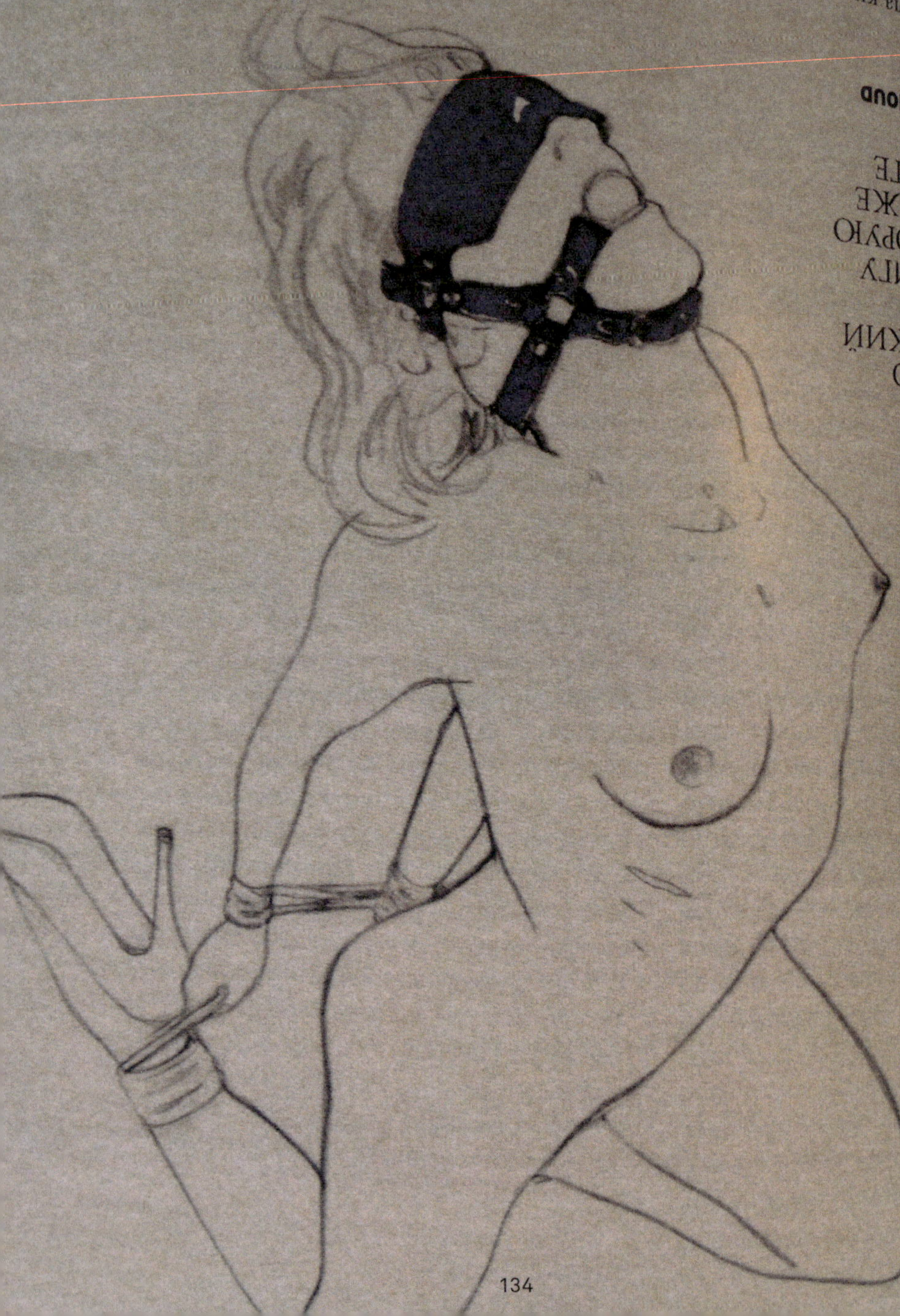

**SOFTPORNO**

Myrthe Hilkens is een bloedmooie, jonge politica in Nederland. Ze werkte als kamerlid voor de gematigd linkse PvdA. Ze is niet zozeer beroemd om haar werk als kamerlid als wel om haar controversiële uitspraken over de pornoficatie van de samenleving. Ze schreef er zelf een boek over getiteld *McSex*. Al vanaf haar tienerjaren maakt ze zich druk over de manier waarop vrouwen worden geportretteerd in videoclips en pornofilms. Het begon allemaal met een liefde voor rap en hiphop die omsloeg in afschuw en verontwaardiging toen ze daadwerkelijk naar de teksten van de liedjes ging luisteren. In elk interview dat ze geeft haalt ze een nummer van Snoop Dog aan waarin hij beweert dat je je ho moet controllen en als ze niet gehoorzaamt je haar moet slaan. Ook vindt Myrthe dat zeer toegankelijke, gratis internetporno een verkeerd beeld schept van de vrouw en is ze van mening dat die vrouwonvriendelijke beelden de seksualiteit van onze jongeren beïnvloedt. Ze beweert zelfs dat bepaalde pornogenres actief bestreden zouden moeten worden.

Ik begrijp Myrthes zorgen. Ik geloof ook absoluut dat de generaties die zijn opgegroeid met internetporno op een andere manier vrijen dan mensen die minder in aanraking zijn geweest met die vorm van seksualiteit. Daarom is het natuurlijk van groot belang dat ouders het internetgebruik van hun kinderen in de gaten houden. Maar vanaf een zekere leeftijd is het aan onszelf. Mannen van mijn generatie zijn in Nederland grootgebracht door feministen. Hun moeders hebben eigenhandig hun bh's op de Dam verbrand en hun zonen geleerd dat ze het meisje eerst moeten laten klaarkomen voor ze aan zichzelf denken.
Ik heb dat altijd als enorm hinderlijk ervaren. In mijn optiek was er een absoluut gebrek aan 'echte' mannen in mijn omgeving. Ondanks de emancipatie van de vrouw, – waar ik met mijn inkomen, carrière en onafhankelijkheid een uithangbord van ben – wil ik ook gewoon een meisje zijn dat 'genomen' wordt door een sterk mannetje. Alleen al door de massale hype rond het boek *Fifty Shades of Grey*, waarin een vrouw zich bewust seksueel laat onderdrukken door een man, kun je zien dat ik niet alleen ben in mijn behoefte om tussen de lakens een mate van onderdanigheid te mogen voelen.
Mijn ervaring met jongere mannen is dat ze veel minder gehinderd worden door het feministische idee dat ze niet krachtig mogen zijn. Natuurlijk merk je direct dat ze zijn beïnvloed door de huidige porno- en beeldcultuur, maar in mijn optiek is dat niet alleen maar schadelijk. Porno heeft de man bevrijd van het idee dat hij zijn natuurlijke kracht moeten verloochenen om de vrouw eigenwaarde te geven. Daadwerkelijke emancipatie is een sterke vrouw die er bewust voor kiest om haar fantasieën tot uiting te laten komen in bed zonder zich ervoor te hoeven schamen.
De meeste seksuele fantasieën hebben te maken

met macht. Of het meisje nou fantaseert om haar partner te domineren of om zich aan hem te onderwerpen, in alle gevallen is de basis van iedere gezonde vrijpartij wederzijds respect. Porno is een nagespeelde fantasie. Het idee dat alle mannen vrouwen willen vernederen en dat alle vrouwen daar heimelijk onder lijden is klinkklare onzin. Ook is het een complete illusie dat vrouwen per definitie behoefte hebben aan integere pornofilms, met goede acteurs en diepe verhaallijnen.
Hou toch op. We zijn geen elfjes. Als een vrouw porno kijkt wil ze ook gewoon een orgasme en ik denk niet dat er ooit iemand is klaargekomen door een briljant geacteerde spelovergang. Het idee dat een meisje pas sterk is als zij de man onder controle heeft in bed reduceert haar tot een kwetsbaar prinsesje. Natuurlijk is een fantasie over verkrachting iets compleet anders dan een echte verkrachting, maar als je pornografie gaat verbieden die vrouwonvriendelijk zou zijn ga je voorbij aan de verborgen fantasieën van massa's meisjes en vrouwen. In een van haar artikelen zegt Myrthe dat ze uiteindelijk alleen de volgende vraag wil stellen: 'Is de man-vrouwverhouding nu echt wel ontdaan van patriarchale elementen?'
Nee, natuurlijk niet! Los nog van de patriarchale elementen, die nu eenmaal onlosmakelijk verbonden zijn met onze samenleving, bestaat er ook nog iets als biologie. We kunnen mannen imiteren tot we een ons wegen, we kunnen imposante carrières maken, massa's geld binnen harken, zelfstandig wonen enzovoort, maar kijk één natuurfilm over parende dieren en je weet weer waar we vandaan komen. Gelukkig leven we in een tijd waarin we zelf kunnen kiezen waar we naar kijken en wat we willen beleven tussen de lakens. Laten we die vrijheid vieren.

top 10 zonden / guilty pleasures

1. lekkere zachte kussens jatten uit dure hotels (2x gedaan)
2. Simon Cowell (the x-factor) aantrekkelijk. Kan niets aandoen
3. Schuimblokken (mierzoete rotzooi; waar ik niet af kan blijven)
4. 'over de datum' potjes en tubes uit zuinigheid bewaren
5. sexloos thermo ondergoed dragen
6. appelmoes. Nog steeds. Kan overal overheen. Ja, nog steeds.
7. sushi. altijd. en overal.
8. mijn bril is vaak vet.
9. schelden.
10. vitamines / preparaten / supplementen / poeders
    (geen drugs, allemaal voor de goede zaak!)

1. Gangster rap ~ altijd & overal
2. Gossip girl kijken
3. Duim zuigen.
4. Kleren kopen en onverantwoord met geld smijten in het algemeen.
5. Niet kunnen spellen.
6. Harde porno kijken.
7. Iets tekenen op de muur van een Hotel kamer
8. Cola light.
9. suikerspin eten op de kermis
10. Vladimir Klytsjko willen schaken. ♡

# EEN DAG UIT HET LEVEN

8.00 Opstaan. Als ik voor een grote toneelrol repeteer zoals bijvoorbeeld Nora van Ibsen, dan sta ik vroeg op voor mijn doen omdat tekst leren sneller gaat voor twaalf uur. Mijn brein lijkt dan veel meer informatie op te slaan.

8.30 Gekookte havermout in amandelmelk met blauwe bessen en aardbeien is zo'n beetje het enige ontbijt dat ik kan verdragen in de ochtend. Het stilt de honger voor lange tijd en geeft direct energie. Tegen alle antistress- en ontspanningswetten in, check en beantwoord ik e-mails terwijl ik eet.

9.00 Ik wandel naar Fior di Gelato, het Italiaanse tentje bij mij om de hoek, om tekst te leren. Gek genoeg kan ik me beter concentreren in cafés of restaurants. Er moet een beetje reuring om me heen zijn wil ik me kunnen focussen, dat geldt ook voor schrijven.

09.40 Ik zit nog steeds in Fior di Gelato, drink mijn derde cappuccino en schrijf een paar honderd woorden voor mijn wekelijkse column voor de Vlaamse krant *De Morgen*.

10.00 Onder de bezielende begeleiding van Evy Gruyaert ren/wandel ik twintig minuten door het Vondelpark. Ze is fier op me, *as usual*.

10.30 Licht gespannen stap ik in mijn sportpak op de fiets en rijd richting de Stadsschouwburg aan het Leidseplein, waar Toneelgroep Amsterdam kantoor houdt. Ondertussen gaat mijn telefoon om de haverklap en neem ik niet op. Die kop-in-het-zandmentaliteit hou ik de hele dag vol.

H

10.45 Ik kleed me om in de kleedkamer en maak me een beetje op omdat er bij Toneelgroep Amsterdam bij elke repetitie scènefotografen aanwezig zijn. Wij repeteren altijd in kostuum.

11.00 Start van de repetitie.

13.30 Bij Toneelgroep Amsterdam hebben wij een geweldige kokkin die biologisch kookt. Uit alle repetitielokalen en kantoren komen acteurs, technici, productiemedewerkers en administratief personeel om gezamenlijk te eten. Als ik klaar ben met eten beantwoord ik nog wat e-mails en bereid de scènes voor die we die middag repeteren.

14.15 Vervolg van de repetitie.

17.00 Einde van de repetitie. Na afloop van een werkdag bij Toneelgroep Amsterdam moet er altijd nog van alles gebeuren terwijl ik na uren huilen, lachen, over de grond kruipen en ingewikkelde regieaanwijzingen opvolgen totaal uitgeput ben. Voor Nora is er vaak nog een dansles in verband met de tarantella die zij vlak voor de pauze danst, soms is er een kostuumdoorpas, een make-uptest of een aantal interviews over de voorstelling.

18.15 Boodschappen doen voor het avondeten. Als ik volop werk probeer ik altijd vlees of vis met bruine rijst of volkorenpasta en zo veel mogelijk groenten te eten, zodat ik genoeg energie heb gedurende de hele voorbereidingsperiode en het tot de première volhoud.

18.30 Koken. Ik ben absoluut geen keukenprinses maar weet wel zo ongeveer hoe ik iets eetbaars in elkaar kan flansen en heb er eigenlijk meestal plezier in om lekker te snijden en te roeren. De simpele handelingen maken mijn hoofd rustig.

19.00 Als ik alleen ben eet ik meestal terwijl ik televisiekijk. Dat is het moment van de dag dat ik echt ontspan. Ik geniet er altijd van. Wij hadden vroeger thuis geen tv en eten voor de beeldbuis zou al helemaal een doodzonde zijn geweest, dus elke keer als ik met mijn bord plaatsneem op mijn bank met de afstandsbediening in mijn hand voel ik me een autonome rebel.

20.00 Als ik voor een grote rol repeteer leef ik als een non in een klooster dus zie ik bijna niemand gedurende die zes weken, buiten mijn collega's. Ik sluit me af van alles en richt me alleen nog maar op de voorstelling. Bij hoge uitzondering ga ik een kopje thee drinken met vrienden, maar meestal leer ik tekst en neem ik de mise-en-scènes (waar je wanneer moet staan en lopen tijdens een toneelstuk) door en de intenties en emoties van het stuk. Ook luister ik aan het eind van de dag mijn voicemail af en raak ik enorm in de stress van alle boodschappen.

22.00 Redelijk uitgeput kijk ik nog even naar een serie *on demand* zoals *Girls, The Newsroom, The Wire* of *Mad Men*. Daarbij eet ik walnoten met rozijnen of speltcrackers met kaas en drink ik thee. Ik leef echt hysterisch gezond tijdens dit soort periodes. De angst om ziek te worden of overspannen te raken is groot. Je bent niet te vervangen als acteur.

23.30 Ik douche behalve in de ochtend ook altijd voor ik naar bed ga. Op dagen dat ik dronken ben of intens moe rol ik direct mijn bed in, maar normaal gezien vind ik douchen aan het eind van een dag prettig omdat het voelt alsof ik de hele dag van me afspoel.

23.50 Ik lees altijd nog even. Soms een boek maar meestal de *Vanity Fair*, mijn lievelingstijdschrift dat ik elke maand van a tot z uitpluis. Zeker gedurende de weken dat ik me een rol eigen moet maken wil ik niet te veel 'artistieke' prikkels van buitenaf. Dus geen meeslepende romans, muziek of indringende films. Het enige wat ik verdraag is een serie waarvan ik de karakters al ken.

00.20 Slapen.

09.00 Interview met *BN DeStem.*

10.00 Doorpas Monique Collignon. Samen met styliste Pascalle Koldenhof en Monique Collignon heb ik een jurk ontworpen voor de première van *Game of Thrones* in Los Angeles. Meestal heb je ongeveer vier 'doorpassen' nodig voor de jurk helemaal klaar is. Tijdens zo'n doorpas wordt bepaald wat er nog langer, korter of anders moet.

12.00 Sporten met trainer Tim (nooit zin, maar ik voel me altijd goed daarna).

13.30 Therapie (ik raad het iedereen aan).

15.00 Repeteren met de band (ons optreden in Paradiso staat voor de deur).

17.30 Accountant. (Bonnetjes inleveren en financiën doornemen. Niet mijn sterkste punt.)

19.00 Diner met vrienden bij Fyra.

23.00 Scroppino (citroensorbetijs met champagne en wodka) bij Palladium.

00.30 Nog een afzakkertje bij mij thuis.

00.40 Muziek luisteren (ik heb net de $9^{e}$ symfonie van Mahler ontdekt).

01.30 Naar bed.

02.00 Slapen.

Coca-Cola
light

Queen

C:

**Wat is je lelijkste lichaamsdeel?**

H:

**Met mijn lichaamsharen die wild woekeren van kruin tot tenen en in mijn neus heb ik moeite, al weet ik dat het me ook een unieke uitstraling geeft.**

C:

**Daar kan trainer Tim niks aan doen. Helaas. En je weet dat ik er totaal geen problemen mee heb. Ik heb het überhaupt nooit gezien. Je neus? Hoezo dan?**

H:

**Heb je mijn neus nog nooit gezien?**

C:

**Ik word altijd afgeleid door die bruingroene kijkers van je.**

C:

**Wat is je mooiste lichaamsdeel?**

H:

**Mijn benen en mijn borsten. Alhoewel mijn borsten niet meer. Die zijn over datum. Mijn billen hebben gek genoeg hun plaats ingenomen. Ik ontdekte pas op late leeftijd dat mijn kont nogal in trek was bij mannen. Vroeger schaamde ik me voor mijn aanwezige achterwerk. Nu pronk ik ermee. Kim Kardashian heeft daar ook een goede invloed op gehad.**

H:

**Wat is jouw lelijkste lichaamsdeel?**

C:

**Kleine tandjes.**

H:

**Waarom?**

C:

**Ik vind het gewoon niet mooi. Ik wilde altijd een Julia Roberts-mond.**

H:

**Ik vind het juist sexy. Daardoor blijf je altijd een meisje.**

C:

**En mijn oren. Spock-oren.**

H:

**Wie is Spock?**

C:

**Jezus Haal, van *Star Trek*. Van die puntoren. Kijk, normale oren staan zo. (Doet van alles.) Maar die van mij staan zo. (Maakt vreemde gebaren naar achteren.)**

H:

**Als een elfje.**

C:

**Ja precies, dat heb ik er ook maar van gemaakt in de loop der jaren.**

H:

**Acceptatie, de sleutel tot iedere vorm van geluk.**

C:

**Ja, Jomanda.**

H:

**Wat is je mooiste lichaamsdeel?**

C:

**Ik ben zelf nogal content met mijn voeten. Altijd geweest. Maar ik krijg weinig mensen mee.**

H:

**Mij heb je mee. Al jaren. Ik heb het alleen nog nooit uitgesproken. (Kijkt haar aan, en dan op serieuze toon:) Jij hebt echt mooie voeten. Gave, zachte, nette voetjes, zonder eelt erop.**
**En verder?**

C:

**Ik ben altijd blij geweest met mijn huidstructuur, de zachtheid ervan. Dat heb ik vaak gehoord. Dat vind ik een fijn compliment. Vroeger was ik ook erg tevreden met mijn borsten en billen.**

H:

**Nu niet meer?**

C:

**Ik zie nog wel wat ze ooit geweest zijn maar er is niet veel meer van over.**

**Vroeger waren ze voller. Ik kon een dun potlood net onder mijn billen verstoppen, nu kan ik er hele etuis in kwijt.**

H:

**Ik zag je onlangs nog poedelnaakt in die fantasyserie van je, met die dwergen en zo.**

C:

**Dat heet een klein mens, en bovendien zijn die niet onaantrekkelijk.**

H:

**Jezus, gadver. *Anyway...***

C:

**Wat is je vraag?**

H:

**Gast, het is geen vraag, het is een verpakt compliment.**

C:

**O.**

H:

**Je zag er zo prachtig uit als die rode priesteres met die dwerg. Zo strak, sexy, volle borsten en billen. Jij bent dun maar je hebt wel rondingen.**

C:

**Kijk, daar kan ik wat mee. Natuurlijk mag ik niet klagen. Ik vond dat etui gewoon wel leuk klinken. Het enige jammere is dat ik niet echt heupen heb, en weinig schouders, mag ik dat zeggen?**

H:

**Het gras is altijd groener...**

C:

**Jajajaja.**

H:

**Ik ken mensen die een moord zouden plegen voor minder heup.**

C:

**Dat begrijp ik ook wel.**

H:

***The end.***

# LICHAAM

H

# 'In drie jaar tijd ben ik dus negen jaar ouder geworden.'

17 JUNI Vandaag zijn Carice en ik bij orthomoleculair arts Tessa van der Steen op bezoek. Drie jaar geleden zag ze me voor het laatst, toen ik moest afvallen voor de film *Isabella*. Zelfs voor ik begon aan dat dieet was ik al slank en vrij gezond. Nu ik jaren later opnieuw plaatsneem op Tessa's magische weegapparaat, blijkt alles aan mij te zijn toegenomen, mijn gewicht, de hoeveelheid vet onder mijn huid en de hoeveelheid vet in mijn organen, alles behalve mijn botten en mijn spieren; die zijn namelijk geslonken.
Ik voel me verdrietig en raar. Ik ben toch al vier maanden aan het sporten? Waarom heeft dat geen enkel effect? Ik voel me meteen een mislukte Bessie Turf. Ik was toch altijd de dunne? De spriet? Heb ik nou zonder het te merken de boel laten verloederen? Aan niemand in het kantoortje toon ik mijn ongerustheid. Vooral omdat Carice in alles met vlag en wimpel slaagt. Haar vetpercentage is prima, haar botten perfect en haar spiermassa gezond. 'De vorige keer was je "eigenlijke" leeftijd 28, nu is dat 37.' Ik knik en slik mijn angst weg met de hypergezonde kokosnotendrank die Tessa maar direct voor mijn neus heeft gezet, omdat mijn 'vochthuishouding ook niet helemaal op peil is'.
In drie jaar tijd ben ik dus negen jaar ouder geworden. Ik blijf geanimeerd praten en lachen om dit doldwaze plan om puur in het kader van gezondheid en dit boek eens flink op onze voeding te gaan letten. In wezen ben ik in blinde paniek en interesseert mijn gezondheid me allang niet meer, die kilo's moeten weg en wel nu.

Als we thuiskomen moeten we van Tessa uitgebreid op papier zetten wat ons normale eetpatroon is. Ik stuur haar de volgende informatie:

*Lieve Tessa,*

*Ongeveer drieënhalve week geleden ben ik begonnen met gezonder eten n.a.v. het boek* De Voedselzandloper, *van Kris Verburgh. Minder rijst, pasta, brood, aardappelen en suiker. Ook ben ik veel minder cola-light gaan drinken. Tot voor kort dronk ik zeker drie tot vijf blikken cola-light per dag en vier grote cappuccino's met koemelk maar daar ben ik drie weken geleden mee gestopt en nu drink ik cappuccino's met sojamelk.*

ONTBIJT: 11.00 *Als ik thuis ben ontbijt ik of met havermout in amandelmelk en aardbeien met blauwe bessen of twee gebakken eieren met kaas op speltcrackers.*
*Als ik niet thuis ontbijt eet ik twee eieren met spek en avocado on the side op speltbrood.*

*Tussendoor eet ik donkere chocola en veel walnoten.*

LUNCH: 14.00 *Soms lunch ik, maar soms ook niet. Meestal ga ik buiten de deur eten en dan eet ik een salade met van alles erin of gebakken truffelomelet met speltbrood.*

DINER: 18.30 *Als ik thuis eet maak ik vlees met bruine rijst en groente of alleen groente en vlees of vis.*
*Als toetje eet ik pure chocola met aardbeien.*

TUSSENDOOR: 22.00 *Meestal eet ik dan nog een speltcracker met tahin en kaas of nog wat noten en pure chocolade.*

*Ik drink soms versgeperste vruchtensappen, gin-tonics of een cocktail (scroppino). Ook neem ik weleens toetjes zoals chocoladecakes of een ijsje.*

*Ik hou van eten. Ik kan makkelijk veel voedsel naar binnen werken.*
*Ik hou van grote porties.*
*Ik kijk uit naar het voedingsschema,*

*Liefs,*
*Halina*

EEN MAAND LATER

Inmiddels ben ik meer dan zeven kilo afgevallen. De eerste maand heb ik me zeer streng aan Tessa's dieet gehouden: zelfs koffie en cola-light liet ik staan. Brood, pasta, rijst en aardappels heb ik voorgoed uit mijn leven gebannen. Ook melk, yoghurt en kwark raak ik niet meer aan. Af en toe eet ik een taartje of drink ik een paar cocktails, maar verder mijd ik suiker.

De grap is: ik werk enorme hoeveelheden voedsel naar binnen. Ik verorber kaas, kip, vis, biefstuk, eieren, groenten, rauwkost, noten, erwten, bonen etc. Het idee dat je niet meer buiten de deur kan eten of enorm in de problemen komt als je aan het werk bent met deze eetgewoontes is onzin. Elk (zelfs slecht) café serveert wel een uitsmijter kaas, overal kun je biefstuk eten of worst. Zelfs de McDonald's verkoopt salades. Als ik met Toneelgroep Amsterdam in Rusland of Polen ben, lukt het mij brood en aardappels te laten staan. Soms eet ik de gerookte kip van een broodje of lunch met noten en een hardgekookt ei. Mijn boodschap is: brood, pasta, aardappels en rijst heb je niet nodig. Als je dat laat staan zul je je je veel energieker en vrolijker voelen. Je kunt veel méér eten, je blijft slank en nog belangrijker: gezond.

ē

# 'Braaf alles bij elkaar gemieterd en een superfoodsshake gemaakt plus een speltboterham met hazelnootpasta.'

17 JUNI Voeding is al sinds mijn vroege jeugd een issue. Culinair ben ik lange tijd totaal onderontwikkeld geweest. Als kind was ik een lastige eter. Als ik één keer in de twee weken bij mijn vader logeerde vroeg hij steevast: 'Wat willen jullie eten, pannenkoeken of pannenkoeken?' Ook maakte hij vaak elleboogjesmacaroni met kaas en ketchup (iets wat ik eigenlijk het liefste eet en heel goed kan klaarmaken).
We spreken af met Tessa. Volgens Halina bijna een voedselgoeroe. Ze is het perfecte uithangbord: blond, blakend, blozend en ontzettend zwanger. Er staat 'gezond' op haar voorhoofd geschreven.
Ze vertelt ons hoe we belazerd worden door grote bedrijven, dat soja een rotproduct is, dat je mais beter kunt mijden en dat wortels vol met suiker zitten. Daarna gaat ze ons meten. Want ook in de natuurgeneeskunde geldt: meten is weten. Terwijl ze de gegevens invoert in de computer vraag ik me af of ze kan zien dat ik mijn hele schooltijd voornamelijk bij de Jamin heb gegeten en in die tijd misschien één glas water per week dronk.

19 JUNI
Vroeg opgestaan en een blender aangeschaft, vervolgens heb ik de SUPERFOOD CENTRE ( Eerste Rozendwarsstraat 10) helemaal leeggekocht. Mijn hele keuken staat vol met gezonde producten. Macapoeder, frambozen, wheypoeder, camucamupoeder, bijenpollen, golden incan berries, tarwegraspoeder,

Açaipoeder, hennepzaad en mulberries. Braaf alles bij elkaar gemieterd en een superfoodsshake gemaakt plus een speltboterham met hazelnootpasta. Daarna een uur gesport in het Vondelpark met Halina en twee vrienden. Heb geprobeerd mijn knieën tegen mijn borst op te trekken in een moordend tempo. Geen fraai gezicht. De hele verdere dag walgelijk gezond gegeten, geen cola-light aangeraakt.

EEN MAAND LATER

De eerste week heb ik cola-lightloos geleefd. Ik dacht: als ik kan stoppen met het roken van twee pakjes sigaretten per dag, moet ik ook kunnen stoppen met cola-light. Dat bleek toch moeilijker dan verwacht. Ik heb gezondigd. In restaurants toch weer het broodmandje opgegeten en toch toetjes met slagroom gegeten. Ook is er bij de benzinepomp een aantal keer een zakje chips aangeschaft en heb ik in het vliegtuig een maxi-Twix gegeten. Met het hete weer zijn er een aantal 'studentenboterhammen' (bier) gedronken en wat borrelnoten genuttigd. Daar staat tegenover dat ik over het algemeen veel gezonder en bewuster eet. Ik maak één keer in de week boekweitpannenkoeken; ik kan niet zo goed koken, maar pannenkoeken bakken kan ik wel heel goed. Het is mijn favoriete ontbijt geworden. Ik maak er dan meteen twaalf, voor de hele week. Zuivel is al helemaal uit m'n systeem. Voorheen at ik elke dag yoghurt, nu nooit meer. Ook heb ik nog nooit in m'n leven zoveel gesport. Ik kan steeds beter aan mijn eigen lichaam voelen wat ik nodig heb en wat goed voor me is. Het wordt steeds moeilijker naar mensen te kijken die zichzelf slecht verzorgen en een ongezond eetpatroon hebben. Het maakt me vaak ook boos, de leugens van voedselfabrikanten, de suikerlobby. Er is veel te weinig bewustzijn op dit gebied. Het verandert nu wel, gezonde eettentjes schieten als paddenstoelen uit de grond, maar bij een benzinestation is nog vrijwel geen enkele gezonde snack te vinden. Het is geen aanstellerij meer om met goede voeding bezig te zijn, gelukkig. Het is geen hype.

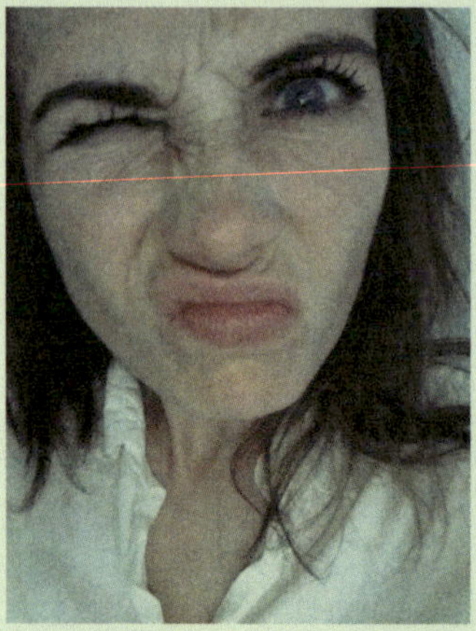

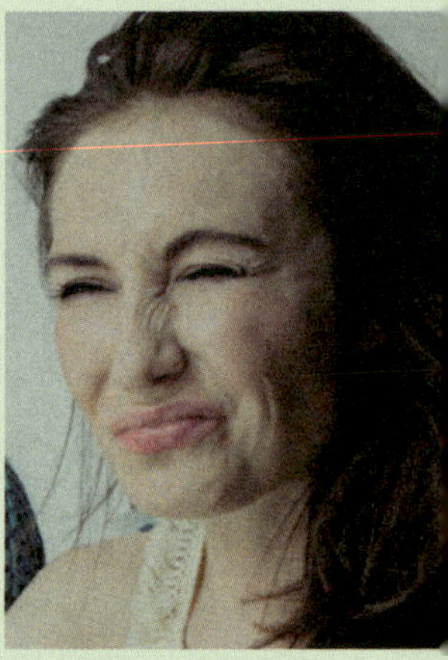

top 10 vieze dingen

1. Geitenkaas
2. Mannen (en vrouwen) die hun handen niet wassen na toilet bezoek
3. Waterpijp
4. Eiwit dat nog snotterig is na het bakken
5. IJs in m'n cola light
6. De toiletten op Schiphol.
   Daar is serieus iets goed mis. hoor mensen!
7. Motten & Fruitvliegjes
8. Karnemelk
9. Snickers & Bounty's
10. Inktvis

‘Mijn lievelingssport is kaartsport.’

# ‘Mijn lievelingssport is kaartsport.’

Van sport heb ik nooit echt kaas gegeten. Ik ben bang voor de bal. Altijd geweest. Voetballen, hockeyballen, tennisballen, sneeuwballen, corpsballen, zelfs voor pingpongballen deins ik nog achteruit. Alleen de badmintonshuttle, de dartpijl en de sjoelsteen ben ik de baas. Langlaufen vind ik doodeng, op schaatsen blijf ik zonder *bloody* stoel niet overeind en alle skivakantie-initiatieven heb ik tot nu toe handig weten af te wimpelen. Van de hoge duikplank durf ik nog steeds niet.

Wel heb ik vroeger geturnd. Ik kan me herinneren dat mijn moeder me een keer toen ik elf was, ’s nachts uit bed haalde voor een concert van Tina Turner. Ik was ervan overtuigd dat ze dat deed omdat ik een turner was en ze me die overeenkomst met Tina niet mocht onthouden.

Via veel omwegen ben ik uiteindelijk terechtgekomen bij de danssport. Daar bleek een talent te zitten. Voor Latijns-Amerikaanse dansen als de rumba en chachacha haalde ik een 9,5. Dat is acht keer zo hoog als voor mijn centraal schriftelijk eindexamen wiskunde.

Mijn lievelingssport is de kaartsport. Laat mij maar lekker troeftrekken en wortelschieten.

H

# 'Alsof ik iets wil weten over heroïnehandel of waar ik een geweer kan kopen.'

Nerveus probeer ik mijn vraag te formuleren. In zijn witte doktersjas kijkt de gynaecoloog geduldig vanachter zijn bureau naar mijn onrustige handen en mijn mond die onsamenhangende klanken produceert. 'We hebben alle tijd,' liegt hij, 'zeg het in je eigen woorden.' In mijn eigen woorden. 'Kun je in Nederland je eieren...' Op de een of andere manier vind ik het een gênant onderwerp. Alsof ik iets wil weten over heroïnehandel of waar ik een geweer kan kopen. 'Ik ben al 35 en ik heb geen... ik voel niet... maar wie weet later... en dan kan het niet meer...' Hij knikt begrijpend terwijl hij volgens mij geen idee heeft waar ik het over heb. Dan komt het hoge woord eruit: 'Ik wil mijn eieren invriezen, kan dat? Waar? Hoe werkt het?' Hij moet lachen. Ik vind het niet grappig, integendeel, ik vind het verschrikkelijk. Veel liever zou ik aan ditzelfde bureau zitten met mijn vriend naast me, een gelukzalige glimlach om mijn lippen, en een ongeboren vrucht in de buik. Liever zou ik een normale, vrouwelijke vrouw zijn met een normale kinderwens en rammelende eierstokken. Ik voel helemaal niks. Geen aandrang, geen wens, geen hormonen, geen leegte die gevuld moet worden. Ik wil geen kind maar ben doodsbang dat ik me vergis. Ben ik te ambitieus? Te rationeel? Te egoïstisch? Wat moet ik als ik

tachtig ben en niemand komt me bezoeken in het bejaardentehuis? En vooral: ben ik wel een echte vrouw als ik dat waarvoor ik hier op aarde ben weiger te ondergaan? Mijn diepste nachtmerrie is wakker worden op mijn 43ste en beseffen dat ik me wil voortplanten maar dat het veel en veel te laat is. Vijfendertig. De kans op een gezonde baby neemt al af. Ik wil een vrieskist huren en mijn eitjes bewaren voor een later tijdstip. In Engeland, Amerika en Spanje gebeurt dit op grote schaal, carrièrevrouwen vriezen daar hun eieren in alsof het ijsjes zijn.
'Ik heb geen vrieskist,' lacht de gynaecoloog.
Hij vindt mij grappig, hij ziet de ernst van mijn probleem niet.
'Heb je een vriend?'
Ik knik.
'Houden jullie echt van elkaar? Vertrouwen jullie elkaar?'
Ik knik.
'Dan is een kind krijgen het mooiste wat er is.'
Jezus Christus! Nu ben ik nog verder van huis. Ik wil geen psychologisch advies, ik wil een ijskast, ik wil onder-nultemperaturen en iemand die een tang pakt om die eieren op te vissen uit de krochten van mijn lijf. 'Om de eitjes uit je baarmoeder te kunnen halen zul je jezelf eerst moeten injecteren met hormonen. Het is absoluut geen makkelijk proces. Dat onderga je alleen als daar een reden voor is. Bij twijfel niet doen.'
Teleurgesteld kijk ik op.
'En dan is het nog maar de vraag of ze levensvatbaar zijn en later kunnen worden bevrucht en teruggeplaatst. Normaal gezien krijgen vrouwen die ernstige chemo moeten ondergaan en misschien onvruchtbaar worden, de kans om hun eitjes in te vriezen. Maar in Nederland is het niet gebruikelijk dat zomaar zonder specifieke reden te doen.'
Zonder specifieke reden. De oplossing voor mijn babydilemma blijkt niet te gaan werken. 'Bedankt voor de uitleg,' mompel ik en sta even later beduusd weer op straat. 'Bij twijfel niet doen,' echoot het na in mijn hoofd. 'Bij twijfel niet doen.'

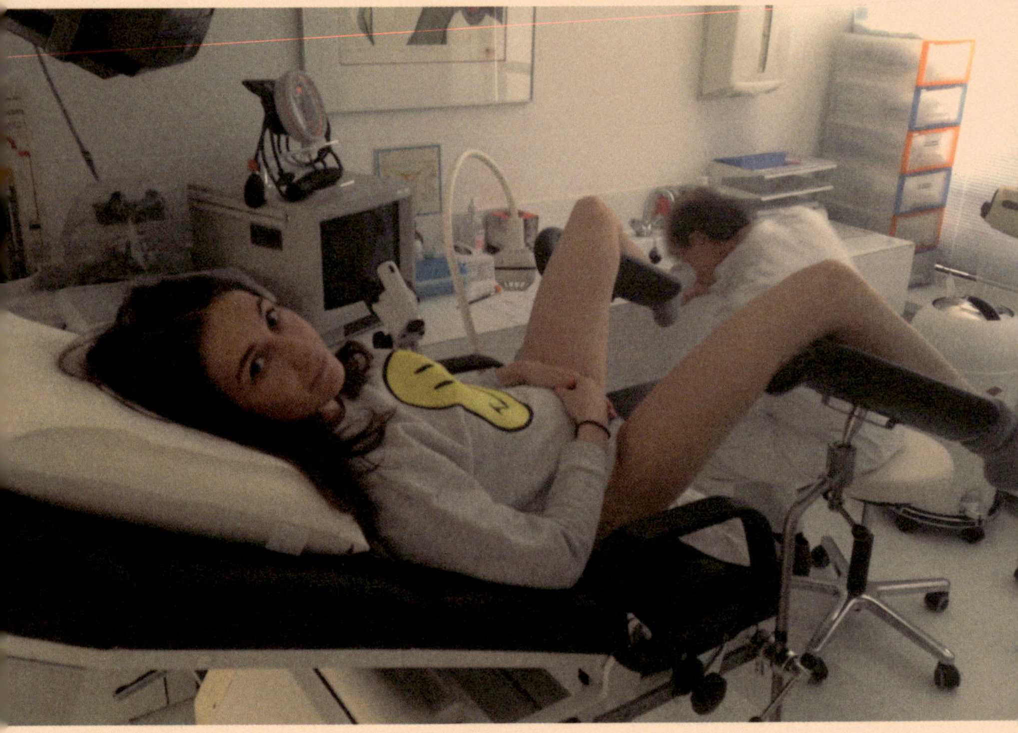

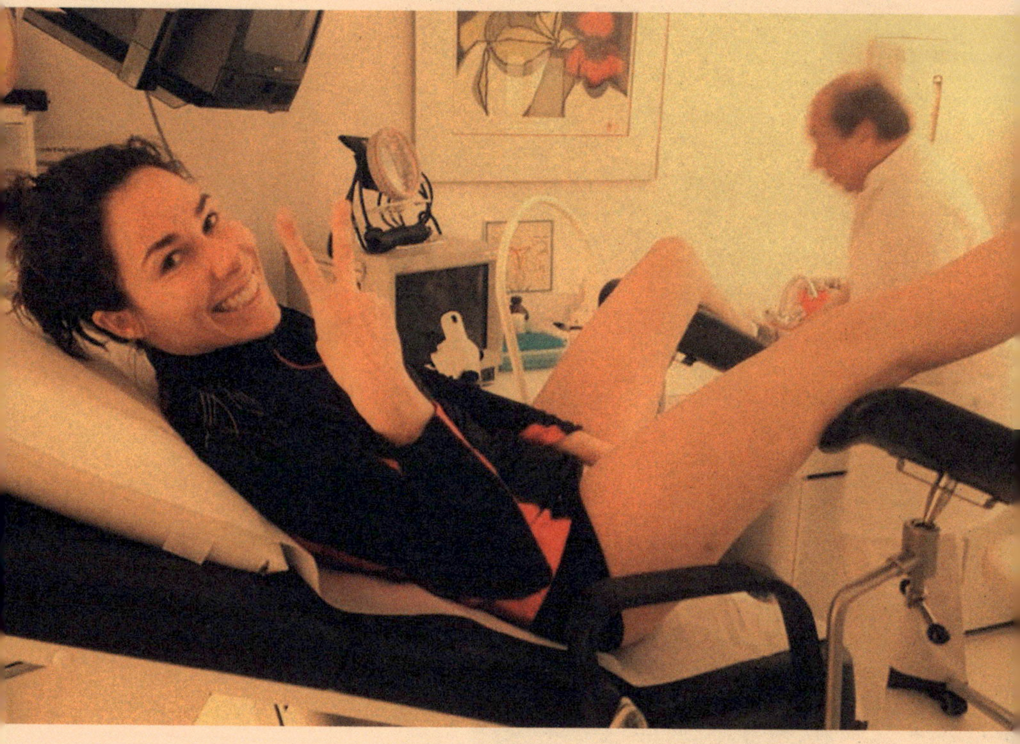

## ZELFBEELD VROEGER

H:

**Ik ben beschermd opgevoed, geïsoleerd, zonder beelden, zonder tijdschriften, zonder televisie, met het spirituele idee dat ieder wezen is zoals het moet zijn. Daardoor was mijn zelfbeeld heel zuiver en geloofde ik dat ik perfect was zoals ik was. Ik vond zelfs het pikzwarte haar op mijn spierwitte benen mooi. Totdat de jongen op wie ik verliefd was tegen me zei: 'Waarom heb jij een vacht op je benen?' Pas toen kreeg ik langzaamaan in de gaten dat ik misschien wel niet zo beeldschoon was als mijn ouders me hadden voorgehouden. Je kunt niet voorkomen dat in de utopische wereld zoals zij die hadden gecreëerd, de echte wereld komt binnenwandelen. En dat kwam als een schok, een koude douche. Ik kwam erachter dat ik er helemaal niet uitzag als een fotomodel, maar een 'karakteristiek' gezicht had.**

**Ik vond mezelf dan wel mooi maar ik heb me altijd totaal seksloos gevoeld in mijn tienerjaren. Ik was wit, dun, plat, met lange ledematen: een nerd. Ik wilde zijn zoals die meisjes met gym: met sexy gebruinde, sportieve benen en rondingen. Ik dacht vroeger altijd dat ik een jongetje was, ik had zelfs een naam voor mezelf bedacht: Kareltje. Toen ik op mijn veertiende eindelijk ongesteld werd en borsten kreeg was ik dan ook enorm opgelucht: ik dacht dat het er nooit van zou komen.**

**Ik was in die tijd een bang, teruggetrokken meisje dat vooral met huiswerk bezig was. Maar dat veranderde radicaal toen ik verliefd werd op Daan Schuurmans. Tot mijn verbazing wilde hij mij en ik voelde me enorm vereerd. Ik dacht: als híj met mij naar bed wil, dan moet ik wel aantrekkelijk zijn. Het gaf me een geweldig gevoel van macht. Pas later kwam ik erachter dat iedere vrouw die macht heeft, of je nu mooi bent of lelijk, dus kwam ik weer van een koude kermis thuis.**

C:
**Ik weet nog dat ik een jaar of veertien was en samen met mijn zus naar het zwembad ging en daar plotseling haar onder haar oksel ontdekte. Dat had ik zelf nog helemaal niet. Naast dat ik dat okselhaar vrij walgelijk vond, was het ook een heel vreemd gevoel dat zij eerder was dan ik. Ik was laat met alles. Later, toen zij zwanger werd, had ik precies datzelfde gevoel. Ik werd ook pas heel laat voor het eerst ongesteld: toen ik vijftien was, bij mijn oma op de wc. Ik was zo opgelucht dat het daar gebeurde en niet bij mijn moeder thuis. Ik wist precies hoe die zou gaan reageren: ze zou het aan iedereen vertellen en taarten gaan bakken, heel gênant.**
**Als tiener was ik heel verlegen en wit, met van die dunne beentjes: mensen vroegen vaak aan me of ik een eetstoornis had. Omdat ik zo dun was voelde ik me totaal niet vrouwelijk en was ik voor mijn gevoel bijna letterlijk onzichtbaar.**
**Op de middelbare school was ik verliefd op Egbert, maar Renske Douwes Dekker was ook verliefd op hem. Ze leek op Jennifer Connelly uit *Labyrinth* en had alles wat ik niet had. Maar toen we op biologiekamp gingen bleek dat Egbert iets met míj wilde. Ik begreep er helemaal niets van; ik had nul make-up, groengrijs haar, en toch wilde hij mij. Zo onzeker was ik.**
**Totdat ik erachter kwam dat ik een masker kon opzetten: ik ontdekte make-up en begon mijn haar te verven, en merkte dat mensen wel naar me keken en me interessant vonden. Maar ik voelde me totaal afhankelijk van dat masker; zonder was ik niemand. Ik heb op een gegeven moment vier jaar een vriendje gehad dat me die hele periode nooit zonder make-up heeft gezien, ook niet als ik naar bed ging.**
**Bekend worden had niet echt een positief effect op die onzekerheid. Nu moest ik mijn masker ophouden voor een heel publiek, in plaats van alleen voor de mensen in mijn omgeving. Het voelde alsof ik mensen op een bepaalde manier belazerde, alsof het allemaal nep was en ik ieder moment door de mand kon vallen: alsof ze me ieder moment konden betrappen als iemand die niks voorstelde. Voor Halina was het een schok erachter te komen dat ze een karakteristiek gezicht had. Dat is juist mijn onzekerheid: mijn gebrek aan karakter. Ik ben blanco en moet een masker opzetten om**

gezien te worden. Dat gevoel is veel minder, maar nog steeds niet helemaal weg.

## ROEM EN ZELFBEELD

C:

**Roem is een eigenaardig fenomeen. Beroemd worden is nooit mijn doel geweest. Ik wilde toneelspelen en daar goed in zijn. Roem zei me niet zoveel. Uiteindelijk kreeg ik er toch mee te maken. Het verwart me weleens. Ik krijg waardering voor mijn werk, dat maakt me gelukkig. Maar het gevoel 'bezit' te zijn van je publiek is iets beangstigends. Op roem kun je je niet voorbereiden. Dat leer je niet op een toneelschool.**
**De eenzaamheid van sterren waar ik als kind in blaadjes over las en niet kon begrijpen, begrijp ik nu wel. Het is onveilig dat mensen dichtbij je willen zijn vanwege je status, die niets meer te maken heeft met wie je in wezen bent. Daarover praten is ook lastig, het wordt al snel als arrogant gezien. Ik zie ook absoluut voordelen, maar ik kan stiekem wel verlangen naar de anonimiteit, toen er nog niets van me verwacht werd, toen ik nog fouten mocht maken.**

H:

**Het is voor een actrice nu eenmaal belangrijk er goed uit te zien. In dit vak word je niet alleen op je talent, maar ook op je uiterlijk beoordeeld en het is volstrekt onduidelijk waar je talent begint en je uiterlijk eindigt. Iedereen heeft een mening over hoe je eruitziet en als je daar iedere dag opnieuw allerlei oordelen over hoort, dan verandert dat hoe je naar jezelf kijkt. Als je afvalt, of hair-extensions neemt, of mooi opgemaakt bent, word je overladen met complimenten. Dat geeft even een prettig gevoel, maar op een dieper niveau maakt het mij vaak angstig, want ieder compliment betekent in feite: je bent leuker en interessanter als je dunner bent, meer haar hebt of veel make-up op hebt. Het wordt heel groot en belangrijk en die druk is er continu. Niet alleen op een filmset of op een première, maar ook**

in het dagelijks leven kun je worden gefotografeerd en staat dat opeens in een blaadje.
Beyoncé zegt in een documentaire over haar leven: *'It takes an army to look like this.'* Altijd, altijd lagen make-up, kappers, stylisten, trainers, diëtisten: alles draait om haar uiterlijk. Dat is een-op-een verbonden met haar roem, haar succes, met wat ze verdient. Altijd maar de schijn ophouden, een rol spelen, iemand zijn die je eigenlijk niet bent. Soms word ik heel depressief van dat idee. En op andere momenten denk ik: *fuck it*, ik ben een supergoede actrice, dat is het belangrijkst.

## OUDER WORDEN

H:
Een goede actrice heeft een keer tegen me gezegd over ouder worden: 'Je moet op tijd beginnen je uiterlijk los te laten.' Ik geloof dat niet. Ik denk dat je best belang kunt blijven hechten aan je uiterlijk en spiritueel kunt groeien tegelijk.

C:
Als kind wilde ik altijd graag 30 zijn. Ik wist: dan is de onrust voorbij. Dat was natuurlijk maar gedeeltelijk waar. Er kwam nieuwe onrust voor in de plaats; ik had ineens een buikje! Het was voor mij een bewijs dat het niet vanzelfsprekend is dat je lichaam altijd hetzelfde blijft: het verandert, doet z'n eigen ding. Je bent plotseling nergens meer de jongste. Halina en ik maken daar veel grappen over. We voelen ons in de disco soms net twee oude wijven. De sterfelijkheid is ingezet. Je perspectief verandert: je refereert steeds meer aan wat geweest is en wat gaat komen wordt steeds korter. Dat zie je niet aankomen als je jong bent, je kunt je daar ook niet echt op voorbereiden.
Mijn oma zei altijd: 'Als ik in de spiegel kijk zie ik een oude vrouw, maar vanbinnen voel ik me achttien'. Dat kan ik steeds meer invoelen. Ik hoor ook weleens: je bent te oud voor deze rol. Dat neem ik niet zo persoonlijk,

ik ben nog maar 37, maar bij film is je leeftijd wel heel belangrijk. In het theater kun je met veel meer wegkomen, maar film komt letterlijk dichtbij. Nu hoor je: die of die is 'de nieuwe Carice van Houten'. De volgende generatie komt eraan. *C'est la vie*.
Ouder worden maakt het leven ook een stuk rijker, gelaagder. De wereld ontvouwt zich voor je zoals het altijd al deed, alleen ik ervaar het nu bewuster en realistischer.

H:
In onze sportschool is het licht heel onflatteus. Laatst stonden we voor de spiegel en dan zie je opeens van die moederlichamen. We zijn natuurlijk geen moeder, maar van die lijven zoals je vroeger je moeder zag. Echt een oudere vrouw. Dat is heel onwerkelijk, want je voelt je helemaal niet zo, maar het gebeurt gewoon. Vroeger vond ik het altijd heel stom als mensen zeiden: ik voel me zestien. Wát treurig. Maar nu snap ik het: je lichaam gaat mee, maar je geest niet.

Ik heb al vroeg in mijn carrière gezien wat het verval met je doet. Ik werkte samen met een oudere actrice, die zal toen de leeftijd gehad hebben die ik nu heb, en die kwam zó gefrustreerd over. Ik dacht: ik moet vroeg beginnen dát te voorkomen. Zo wil ik niet worden. Ik dacht dat ik dat kon doen door heel inhoudelijk bezig te zijn en me niet op dat uiterlijk te focussen. Maar dat is heel moeilijk in dit beroep: je moet er toch doorheen. En dit is nog maar het begin.
Soms zie ik echt een soort oude-vrouwenkop en dat is beangstigend. Ik denk er vaak aan: dat je bijna over de helft bent, dat je dus doodgaat op een gegeven moment.

Toch hoop ik dat wij een carrière hebben die niet alleen is gebaseerd op uiterlijk. Carice met haar muziek en ik met het toneel. Ik verheug me er eigenlijk wel op dat ik niet meer zo mijn best hoef te doen. Het is misschien ook wel een opluchting. Dat ik straks fijn een verrotte oude vrouw kan zijn.

## ZELFBEELD EN DE MEDIA

C:

**Vroeger las ik veel glossy's omdat ik wilde weten wat er speelde in de mode bijvoorbeeld, maar daar ben ik mee gestopt. Ik heb zelf een heel goed kompas voor wat wel en niet mooi is. Ik word er ook een beetje onrustig van: ik krijg het gevoel dat ik bij moet blijven, dat ik ook zo perfect en up-to-date moet zijn als het beeld dat me wordt voorgespiegeld, terwijl ik heel goed weet dat dat beeld een *idée-fixe* is. Dus ik mijd die bladen nu vaak, uit een soort mix van onzekerheid en rebellie en omdat ik zelf wel kan bedenken hoe ik me moet kleden.**

H:

**Dat is wel tekenend: wij staan zelf in die bladen vanwege ons werk en maken daardoor deel uit van dat ideaalplaatje, maar wij worden er onzeker en onrustig van als we ze lezen.**

C:

**Je kunt zelfs ook onzeker worden van een foto van jezelf in een blad, want je bént dat helemaal niet: je ziet twee uur make-up en photoshop. In *Alles is familie* speel ik een zwangere vrouw en kijk ik naar een echo van de baby. Toen ik dat later terugzag in de bioscoop was ik jaloers op dat beeld van mezelf. Dat is weird, hoor.**

H:

**Niemand heeft zo'n kutje als in de *Playboy*. Mensen gaan met zo'n foto uit een blad naar een plastisch chirurg en die moet ze uitleggen: dat bestaat helemaal niet. Dat beeld is nep, totaal gephotoshopt, dat kán helemaal niet. We jagen een fantasie na. En wij doen daaraan mee, wij houden dat in stand en versterken daarmee heel paradoxaal onze eigen angst en onrust. Dus wat ik wil is ook de achterkant laten zien.**
**Door ons beroep wordt alles wat met uiterlijk te maken heeft enorm uitvergroot. Soms doorzie je dingen daardoor sneller, je ziet beter hoe nep**

het allemaal is. Het gevaar ongelukkig te worden van al die nadruk op uiterlijk in onze wereld is groot. Mijn overtuiging is: je kunt je haar wel verven, je opmaken en kleren kopen, als je tegelijkertijd maar werkt aan de inhoud. Bij wijze van spreken moet je voor iedere pot crème die je koopt een uurtje mediteren, of aan yoga doen of bedenken waar je dankbaar voor bent in je leven. Er moet evenwicht zijn. Ga lekker door met lijnen, sporten en shoppen, maar ga met dezelfde passie naar je therapeut of voer een goed gesprek met een vriendin, want dat is het enige waar het om gaat in het leven. Als de balans te veel doorslaat naar de buitenkant, dan word ik angstig, dus ik hou dit heel bewust in de gaten. Maar dat gaat niet vanzelf. Als je het op zijn beloop laat, dan ga je vanzelf te veel waarde hechten aan je uiterlijk in ons vak en ik denk dat bijna iedereen tegenwoordig probeert te voldoen aan een uiterlijke norm die helemaal niet bestaat. Je hebt er veel discipline voor nodig om die innerlijke pot ook vol te krijgen. Het is niet voor niets dat veel Hollywoodsterren of aan de drugs raken of helemaal in de kabbala of yoga of Scientology zitten. Je moet iets doen om aan die druk van het uiterlijke te ontkomen.

Ik zie ook een verschuiving in positieve zin in leeftijd. Ik denk dat er een hele generatie oudere sekssymbolen is ontstaan, dat had je vroeg niet. Jennifer Aniston, Gwyneth Paltrow, allemaal vrouwen die de veertig zijn gepasseerd en toch prachtig gevonden worden. Het idee dat alles ophoudt als je veertig wordt, of moeder, is echt wel achterhaald.

Ik vind oprecht dat ik mooier word nu ik ouder word. Ik word nu pas mijn leeftijd.

Wat zijn je favoriete make-upproducten? Zet alle merken erbij, heel Nederland wil het weten.

# 'De kers op de taart is parfum.'

Dan zal je 't krijgen ook!

Ik zou graag overkomen als een vrouw die make-up en huidverzorging totale onzin vindt, maar helaas. Uit pure hebberigheid, verveling, ijdelheid heb ik al zoveel producten uitgeprobeerd dat het een decadent rotzooitje is geworden in mijn badkamer. Het staat vol met de meest uiteenlopende crèmes, flessen, serums, shampoos en god weet wat nog meer allemaal.

In de ochtend tijdens het douchen gebruik ik de scrub van Kiehl's, omdat-ie heel lekker ruikt en best grove korrels heeft, en was ik me met Oranje Lindebloesem van Kneipp. Ik ben verslaafd aan die geur. In de winter gebruik ik ook als extra verzorging de 'relax body essence oil' van Bergman.

Na het douchen smeer ik mezelf eerst in met crème. Mijn favoriet is een prijzige, maar zeer lekker voor mijn droge huid: The Reparative Body Lotion van LaMer. Maar wat ook heel lekker is, vooral de geur, is Systeme Corps van Decléor. En soms smeer ik me in met lavendelolie van Weleda. Alles wat naar lavendel ruikt vind ik lekker, maar dit terzijde.

Als m'n lijf is ingevet was ik mijn gezicht met een *facewash*, zo'n gel waar je water bij doet en dat het dan gaat schuimen. Ik hou niet van melkachtige *cleansers*. Overigens schijnt dat voor de droge/gevoelige huid beter te zijn, maar goed. Ik gebruik graag de facewash van Bergman, *foamwash* van LaMer en de cleansingolie van Origins.

Daarna schijnt een lotion te moeten (iets met het sluiten van je poriën na het wassen). Dit doe ik al jaren heel trouw. Lotion gebruik ik ook van Bergman, maar ik heb ook goeie ervaring met Thayers Witch Hazel. Dat was een tip van een make-upartist die ik tijdens het draaien van *Jackie* ontmoette in Amerika.

Als ik veel tijd heb, doe ik daarna een serum op, die van Bobbi Brown is bijvoorbeeld heel lekker (al hun crèmes ruiken trouwens heel lekker, vind ik). Tegenwoordig gebruik ik vaak in plaats van een serum een zonnebrand met factor 50, op aanraden van een dermatoloog. In zonnebrand zitten helaas alleen veel schadelijke stoffen met onuitspreekbare namen die erg kankerverwekkend blijken te zijn, dus ook hiervoor geldt: hoe natuurlijker, hoe beter. Ik gebruik Lovea Bio factor 50 van Labaratoires Biocos.

De laatste tijd gebruik ik vaak in plaats van een dagcrème een crème die tegelijkertijd een foundation is, de zogenaamde BB cream. Die van LaMer smeert heel lekker uit en is niet zo dekkend, verder gebruik ik voor wat meer dekking die van Clinique. Sowieso gebruik ik liever geen foundation, tenzij ik naar een feest of première ga. Dan gebruik ik allerlei foundations door elkaar tot ik een kleur heb gemixt die ik mooi vind: ik heb nog nooit een foundation gevonden die precies dezelfde kleur had als mijn huid. Dus dan mix ik foundation van M.A.C met een beetje uit een oud potje van La Prairie dat ik nog heb staan met een beetje BB cream. Ik kies altijd voor lichte kleuren. Ik heb een erg lichte huid waar ik voorzichtig mee moet zijn. In het verleden heb ik vaak zonnebank-kuurtjes gedaan voor films, omdat ik er dan 'gebruind/gezond' uit moest zien. Afgezien van het feit dat dat natuurlijk niet gezond is, vind ik dat bruin zijn me eigenlijk ook niet zo goed staat.

Poeder gebruik ik nauwelijks overdag, alleen als ik ook foundation draag. Poeder maakt je gezicht zo

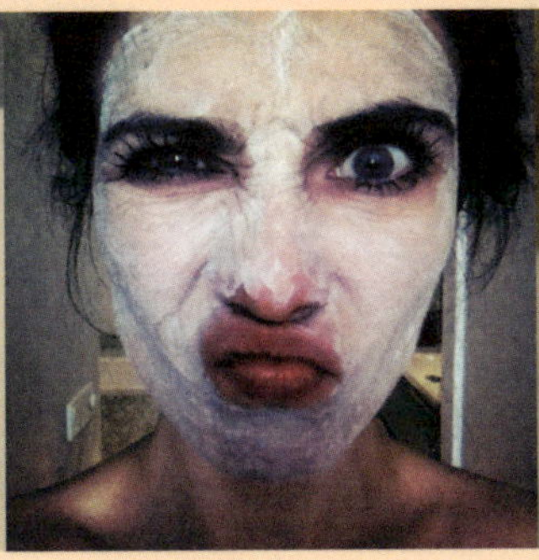

stijf, niet levend. Heel weinig van aanbrengen dus en eigenlijk doe ik 't alleen op de 'T-zone'. Van poeders heb ik dus totaal geen verstand en dat kan voor mij ook een heel goedkoop merk zijn.
Dan de wangen. Die vergeet ik nooit. Ik gebruik graag de 'coral' (een vettige substantie die je ook op je lippen kunt doen) van Bobbi Brown, maar ook Peaches van M.A.C vind ik fijn. Ik gebruik ook nog steeds een rouge van Lancaster die ik al heb sinds de opnames van *Minoes* (dertien jaar geleden).

Mijn ogen, daar zit het meeste werk in. Als ik oogschaduw opdoe, niet altijd, begin ik daarmee. Ik hou van aardetinten, bruinachtigen, dat staat het mooist bij blauwe ogen. Bobbi Brown heeft een heel handige Long-Wear Cream Shadow-stick die heel goed blijft zitten, nummer 54 van Bourgeois is mooi bronzig en Mystery Satin van M.A.C is een mooie kleur bruin.
Ik begin altijd met eyeliner (altijd zwart), ondertussen een soort handelsmerk van mij geworden.
Ik heb altijd de Artliner van Lancôme gebruikt en gebruik het nog weleens, maar die is afgezien van het fijne kwastje wel heel zwart en strak. Nu vind ik het mooier als het een wat zachtere lijn is, dus gebruik ik een potlood van vier dollar van supermarktmerk Milani, uit Amerika. Maar het merk Make-up Studio heeft ook goeie potloden.
Om het perfecte lijntje te trekken moet je het gewoon, zoals ik, 48 miljoen keer doen. Wel kun je met een wattenstaafje, liefst die hele dunne die je moeilijk in Nederland kunt krijgen, kleine oneffenheden weghalen om het zo strak mogelijk te krijgen. Ik ben ook een ontzet-

tende perfectionist dus niemand mag mijn eyeliner doen. Een millimeter dikkere streep dan aan de andere kant kan je een heel andere oogopslag geven.

Mascara is mijn favoriete make-up. Ik denk dat ik bijna alle mascara's op de wereld heb uitgeprobeerd. Jaren geleden had ik een lievelingsmascara. Van de Hema. Op een dag werd die uit de handel genomen. Nergens meer te vinden. Ik werd gek! Ik heb zelfs nog een brief naar de Hema gestuurd, om te vragen of ik niet alle overgebleven voorraad kon opkopen. Tevergeefs. Vervolgens heb ik een tijdje Mascara Volume van Yves Saint Laurent gebruikt, maar die droogde erg snel uit. Lancôme heeft volgens velen de beste mascara, maar ik heb ze geprobeerd en ze werken niet voor mij. Maar ik heb wel een erg streng eisenpakket. Ik wil dat mascara volume geeft, krult, verlengt en een specifiek borsteltje heeft. Mijn favoriet is nu Lash Architect van L'Oréal. En Diorshow van Dior. En dan wel drie lagen over elkaar. Ik breng mascara ook altijd lekker overvloedig aan waardoor ik best veel knoei. Heel veel smeren en dan kun je daarna altijd met een wattenstaafje en een beetje makeupremover het zwart van je ooglid halen. Tip van m'n zus.
Ik gebruikte vroeger ook weleens een wimperkrultang, maar ik ben een keer uitgeschoten met m'n hand waardoor de helft van mijn wimpers van m'n rechteroog weg was.

M'n wenkbrauwen hebben van zichzelf eigenlijk best een goede vorm dus ik ben niet zo'n expert op het epileervlak. Heel af en toe zit er weleens een uitstekend haartje.

Ze zijn alleen niet heel vol dus soms teken ik ze een beetje bij met een bruin potloodje van Clarins.
Als m'n wenkbrauwen wat blonder zijn geworden door de zon, verf ik ze weleens wat donkerder. Ik doe dat op de Weteringschans bij Monique Gottmer. Alle dames zijn daar heel bekwaam, maar als je Monique zelf te pakken krijgt heb je geluk, want zij heeft gouden handjes en ze is ontzettend lief en zorgzaam.

Kohlpotlood gebruik ik af en toe sinds de film *Alles is familie*. Mijn personage Winnie heeft altijd dat zwarte lijntje om haar ogen en ik vond 't eigenlijk wel leuk staan. Maar als ik slecht geslapen heb en m'n ogen zijn een beetje klein, dan gebruik ik het niet. En sowieso bijna alleen als ik uitga. Overdag is het iets te dramatisch.
Tot slot smeer ik meestal wel wat *concealer* onder mijn ogen. Het liefst de Instant Age Rewind Eraser van Maybelline.

Ik hou niet van lippenstift. Ik heb er twee. Ze zijn allebei rood, van NARS. Ik heb of rode lippen of neutraal, nooit iets ertussenin. Ik gebruik alleen lippotloden, want ik hou van mat. M'n lievelingspotloden zijn een rozige Smoothing Lip Pencil van Shiseido, kleur Sakura, en een rood potlood van Yves Saint Laurent met de verrassende kleur True Red.

Ik haat lipgloss.

Nagellak heb ik maar in drie kleuren. Chanel-rood, Nude van Dior en neonroze van Janet. De mooiste kleur rood is van NARS.

Nagellak van Dior heeft de beste kwastjes, dat moet gezegd. Lekker breed, waardoor je in één streek klaar bent.
De kers op de taart is parfum. Vroeger, toen ik puber was, bestond er maar één geur voor mij en dat was de klassieke Jean Paul Gaultier in dat vrouwentorsoflesje. Tegenwoordig heb ik heel veel verschillende parfums en soms mix ik alles door elkaar. Ik ben zeer geurgevoelig, als iemand op de fiets voor me iets op heeft wat ik lekker vind, fiets ik erlangs om te vragen wat het is, man of vrouw. Ik hou ook heel erg van mannengeuren. En een man die lekker ruikt vind ik aantrekkelijk. Mijn lievelingsparfums zijn Pomegranate Noir van Jo Malone, Perles de Lalique van Lalique, Fleurs d'Oranger van Serge Lutens, Santal 33 van Le Labo en Neroli Portofino van Tom Ford. Maar nooit direct op m'n huid, altijd in mijn haar, omdat ik anders uitslag krijg.
Voor bijzondere parfums en make-up moet je eens naar Skins Cosmetics gaan. Ze hebben daar echt verstand van zaken en zijn erg vriendelijk.

En dan het haar. Mijn favoriete haarproducten zijn van het merk L'ANZA. Zonder parabenen, ruikt lekker en is goed voor fijn en zoals in mijn geval doodbehandeld haar. Als mijn haar handdoekdroog is, spuit ik er Healing Volume in (ook van L'ANZA).
Stylen doe ik nauwelijks, als ik het al doe, gebruik ik de José Eber-krultang, heel handig, maar wordt *insane* heet, dus niet te vaak.

Ik probeer altijd met een schoon gezicht te gaan slapen, dus gebruik weer m'n facewash, de tonic en

voor de nacht liever een dikkere crème; sinds kort gebruik ik heel graag de geheel natuurlijke (geen parabenen et cetera) producten van het merk PURE. Dit is zo natuurlijk dat je de crème zou kunnen eten. Ik gebruik de *Day & Night Cream*, beetje vettig, maar dat vind ik in de nacht juist fijn. Ook ruiken al hun producten heel lekker.

Mijn make-up haal ik eraf met L'Oréal of de make-upremover van M.A.C.

En dan is er nog Dany Diop (Spiegelgracht 6). Volgens hem moet het allemaal anders. Dany is een prachtige zwarte man uit Parijs die al een tijd in Amsterdam woont en een winkel runt gespecialiseerd in cosmetica en parfum. Hij verkoopt maar een paar merken en die zijn parabenen- en andere rotzooivrij.

Toen ik er voor het eerst binnenkwam zag hij meteen aan mijn gezicht dat ik te veel verschillende crèmes door elkaar gebruik en te veel voor de computer zit. Hij vertelde me dat de meeste crèmes niet doen wat ze beloven te doen en bovendien veel te duur zijn. Ik moest minder scrubben en minder vette crèmes gebruiken. Ik besloot zijn producten aan te schaffen om het drie maanden uit te proberen. Van elk product hoef ik maar een druppel per dag te gebruiken. Al na twee weken voelde ik hoe goed dit was voor mijn huid.

NIKE

# KLEDING

INTERVIEW

# ‘Maar stiekem zou ik best één premièrejurk willen hebben die perfect zit en die dan gewoon in alle kleuren.’

In principe is mijn kast niet netjes. Soms komt Loes Luca op bezoek en dan helpt ze me met reorganiseren; ze vindt dat leuk en kan het heel goed. Ze heeft een systeem dat werkt. We kletsen een beetje, drinken thee en ondertussen sorteren we alles. Broeken hangen op hangertjes, dingen liggen op kleur, lange mouwen bij lange mouwen: best wel *solid*, een heel serieuze aanpak. Ik ben zelf meer van het proppen. We zijn dan uren bezig samen. Ik geef haar altijd een zak met kleren voor haar dochter mee en Halina heeft me geattendeerd op de vintagewinkel Tamago, daar breng ik ook veel heen. Verder geef ik veel weg, aan de schoonmaakster bijvoorbeeld, en ik maak een zak van Max met oude T-shirts. Ik gooi nooit iets weg.

Mijn kast is stampvol. Ik heb veel laatjes, dat is handig, dan zie je de rommel niet zo. Mijn bh's liggen wel allemaal heel netjes achter elkaar, dankzij Loes. En dat blijft eigenlijk altijd zo liggen, want ik draag uiteindelijk altijd dezelfde drie bh's. Waar het misgaat is in de badka-

mer. Daar kleed ik me om en daar staan een paar grote wasmanden. Als ik ergens naartoe moet trek ik honderd verschillende outfits aan en wat ik niet draag belandt op die wasmanden en op de grond. Daar blijft het op een grote stapel liggen en verkreukelt het. Ik heb daar nu iets op gevonden: de Tobi. Dat is een soort stoomapparaatje dat je kunt gebruiken voor kleren die op een hangertje hangen, volgens hetzelfde principe als verkreukelde kleren in de stoom van de douche te hangen. Ideaal voor mij, want ik kan niet strijken (lees: ik wil niet strijken).
Ik heb walgelijk veel kleren, maar ik ben uiteindelijk een erg praktische drager: ik loop het liefst de hele week in m'n lievelingstrui, een lekker zittende broek en op platte schoenen.
Ik heb een jassen-tic: in één keer alles bedekt, lekker makkelijk, je hoeft er niet over na te denken en het maakt niet uit als je vaak dezelfde jas draagt. Mijn favoriete jassen zijn allebei van grijs tweed; eentje van Margaret Howell, een Engelse ontwerpster, voor de winter en eentje van Topshop voor de zomer. Het zijn net mannenjassen uit de oorlog, een beetje *scruffy*, daar hou ik van. Toen ik *Zwartboek* draaide vond ik alle kleding mooi; dat Ciske de Rat-stijltje, alles bruin, met bretels en een petje op. Of de film *Annie*, ook zo'n inspiratiebron. Ik heb al heel lang een soort schort van Cora Kemperman, mijn door velen meest gehate kledingstuk. Het is een soort combi tussen Ciske de Rat en Pippi Langkous: de weesmeisjeslook, met van die hoge vaalbruine sokken en rijglaarsjes. Mensen verbazen zich er vaak over dat ik 'in 't echt' zo nonchalant gekleed ga. Ze denken volgens mij dat ik de hele dag in een chiffonzijden japon op een chaise longue lig.

Het is een *bloody shame* dat Nederland nu pas een Topshop heeft. Het is een authentieker merk dan H&M

en Zara: het is gedurfder, met meer lef, meer uitgesproken. Een beetje alternatiever ook. Je kunt er nette en heel ordinaire kleding kopen. Als ik in Londen ben ga ik altijd naar Topshop op Oxford Circus. Ik heb een trui met een smiley erop van hen, dat is een van mijn lievelingstruien. Een van mijn lievelingsjassen komt er vandaan en ze hebben er heel leuke broeken met bijzondere prints. Het zijn kleren waarvan je niet meteen denkt: dit hebben ze gepikt van Isabel Marant. Ze hebben een eigen stijl, net als de Londenaren zelf. In Nederland is het straatbeeld oersaai; de meisjes die je daar ziet lopen zijn origineler: stijlvol, kleurrijk, meer bohemien.

Als ik een financiële meevaller heb dan kijk ik graag naar jurken van Roland Mouret. Ik heb een donkerblauwe jurk van hem die perfect zit. Hij geeft echt een zandloperfiguur, dat is het kenmerk van die jurken. Ik draag graag dingen die recht zijn aan de bovenkant omdat ik niet zoveel schouders heb. Als ik een rok draag is die het liefst hoog, een kokerrok. Ik heb weinig heupen en taille en dan werkt dat beter. Ik heb ook een lievelingsjurk van Stella McCartney, die heb ik naar al m'n meetings in L.A. gedragen; het is een beetje een geluksjurk. Hij is donkerblauw, met een herfstblaadjesprint, een pofmouwtje en een strik. Stella McCartney heeft ook geweldige schoenen zonder leer. Mijn lievelingslaarzen zijn van haar: lange afzakkende, van zwart nepsuède. Ze passen goed in de Pippi Langkous-look.
Isabel Marant vond ik ook altijd leuk, maar het is nu wel heel populair, dat is een beetje jammer. Ik hou van dat Franse no-nonsenseachtige wat

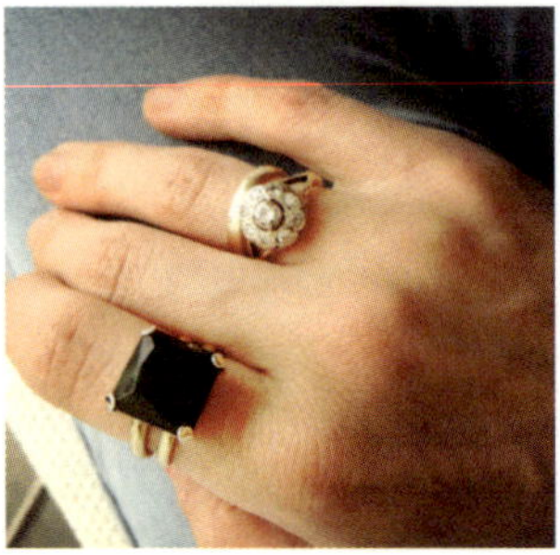

zij doet: simpel, eenvoudig. Ze gebruikt ook lekkere stoffen, dat vind ik heel belangrijk: hoe iets aanvoelt. Omdat ik me voor mijn werk steeds weer moet opdoffen, val ik in mijn vrije tijd terug op eenvoudig.

Je zult mij nooit zien in een asymmetrische jurk, dat haat ik echt.
Ik vind het irritant als iets scheef is; dat stoort me.
Ik heb nooit sieraden gedragen, totdat ik de ringen van mijn oma erfde, die ik heel trouw draag. Sindsdien koop ik ze ook zelf. Oorbellen draag ik niet, die maken me heel tuttig, dan word ik zo'n negentiende-eeuws figuur.
De meeste van mijn sieraden komen van Wouters & Hendrix. Stoer, maar ook romantisch en ze gebruiken mooie kleuren en stenen.

Ik draag graag hoeden, dan hoef ik niet na te denken over m'n haar.
Ik heb geen brillenhoofd maar wel een hoedenhoofd. Mijn lievelingshoed is een rieten 'Toon Hermanshoedje', dat je schuin op je hoofd draagt. En alles van Maison Michel.
Ik hou van kostuumachtige kleding. Legerjasjes, marinejasjes, bakkersjasjes, vliegenierspakken, et cetera. En blauw. Mijn lievelingskleur is blauw.

Er was een collectie van Marc Jacobs in de zomer van 2009 waar ik echt alles wel van wilde hebben. Ondergoed heb ik lang links laten liggen, het interesseerde me niks. Sommige onderbroeken heb ik al tien jaar, ik ben net een man. Toen de strings kwamen heb ik me daar lang tegen verzet. Uiteindelijk ben ik ze toch gaan dragen, het ziet er echt mooier uit onder kleren, maar bloot blijf ik het lelijk vinden.

Victoria's Secret heeft wel heel fijne stringetjes. Mijn lievelingsonderbroeken zijn van Stella McCartney, een set van zeven, met de dagen van de week. Mannen zijn zo verschillend wat ondergoed betreft. Sommigen zagen me het liefst in een wit Hema-onderbroekje en anderen in zwart kant. Altijd als ik ondergoed pas, denk ik: waarom? Wanneer doe je nou zo'n heel sexy setje aan. Misschien op een eerste date, maar zelfs dan eigenlijk niet. Het gaat toch allemaal uit. Ik ben een groot fan van Wolford: mooi, simpel ondergoed, zonder te veel fratsen en van een heel goede kwaliteit. Mijn panty's zijn ook altijd van Wolford.
Bij de première van *Zwartboek* had ik enorme stress. De jurk zou een uur van tevoren aankomen omdat hij moest worden vermaakt, maar toen hij er eindelijk was, paste ik er niet in. Ik werd he-le-maal gek. Gelukkig had ik een reservejurk, die een kilometer te lang was. Het was vreselijk: zo'n belangrijk moment en ik was al zo nerveus. Ik heb toen besloten: dat gaat me nooit meer gebeuren. Ik heb nu gelukkig iemand die me helpt, styliste Pascalle Koldenhof.
Maar stiekem zou ik best één premièrejurk willen hebben die perfect zit en die dan gewoon in alle kleuren. Lekker *low maintenance.*

‘De laatste tijd heeft mijn koopzucht ziekelijke vormen aangenomen.’

Wanneer ik een vrijgezelle vrouw op oorlogspad ben, speur ik alle winkels af op zoek naar de juiste wapenrusting om mee op jacht te gaan. Niet dat er in mijn huis schaarste heerst wat betreft kleding; het ligt vol met sokjes, jurkjes, rokjes, broekjes en truitjes, mijn kasten puilen uit, mijn logeerkamer fungeert als geïmproviseerde inloopkast en zelfs mijn woonkamer moet het ontgelden als ik ’s avonds thuiskom en mijn kleren lui laat vallen waar ik sta. Maar nu ik als een pauw mijn veren wil opzetten, op zoek ben naar bij mij passende genen, kan ik de neiging niet onderdrukken hele garderobes uit de schappen te trekken en enorme bedragen af te rekenen aan verschillende kassa’s van de duurdere winkels van Amsterdam.
Als een crackjunk hongerig naar de volgende ‘fix’, graai ik in stapels spijkerbroeken, struin door kledingrekken en scan rijen schoenen. Binnen enkele minuten weet ik precies wat er in een winkel te krijgen is. Met een stralende lach biedt de opdringerige verkoopster aan om mijn drugs vast in de paskamer te hangen, maar ik schud beschaamd

PATA NEGRA

mijn hoofd omdat ik niet wil dat men getuige is van mijn geheime verslaving. Ze zijn nooit gepland, mijn *shopping sprees*. Een impulsieve koper ben ik omdat ik eigenlijk geen jurkjes meer mág aanschaffen. Mijn manager en boekhouder hebben mij helder en streng uiteengezet dat ik het grootste deel van mijn salaris opmaak aan stukken stof. 'Het wordt niet meer waard, het levert niks op, je hebt het niet nodig en het biedt geen bevrediging.' Nauwelijks registreer ik wat ik aantrek in het pashok, of welke cijfers er verschijnen op het display van het betaalapparaat, ik wil instant kopen, hebben en bezitten. Mijn kasten puilen uit. Hier en daar liggen peperdure jurken op de grond van mijn woning te verpieteren met het prijskaartje nog bevestigd aan het wasvoorschrift. Elk kledingstuk waar ik mijn oog op laat vallen biedt mij potentieel een nieuwe identiteit of in ieder geval meer vrouwelijkheid, meer *sexiness*, meer *cool* en ergo: meer geluk. Hoe hipper hoe beter. Met mijn kleding wil ik uitdrukken wat er allemaal voor superinteressants in mij schuilt. Want door de juiste rok, broek of hoed zal mijn ideale man zich vast gewonnen geven. Jurken, truien en jassen dienen als wapens om mijn nieuwe prooi te veroveren. Met de juiste kleur kan ik hem lokken, met inventieve stiksels en patronen zal ik hem verleiden zodat ik tegen alle verwachtingen in toch nog lang, gelukkig en burgerlijk zal leven.

De laatste tijd heeft mijn koopzucht ziekelijke vormen aangenomen. Met elke volle kledingtas denk ik een stukje dichter bij mijn doel te komen, een stukje verder weg van de eenzaamheid.

Maar kan mijn ideale man mij nog vinden onder al die lagen stof? Ziet hij nog wie ik ben achter al die felle kleuren? En durf ik me 's nachts nog uit te kleden? Na vier mislukte relaties is het misschien verstandiger meteen mijn ware aard te tonen dan hem eerst te verleiden met gouddraad en zijde. Hadden mijn ouders dan toch gelijk? Is het beter voor de mens door het leven te gaan met okselhaar, zonder make-up?

Elke keer opnieuw denk ik dat ik elegantie, stijl en gratie kan afrekenen met mijn creditcard. Eenmaal thuis durf ik de zojuist aangeschafte trendy jurk niet eens uit de tas te halen omdat ik me schaam voor mijn irrationele daden, voor mijn bizarre uitgavenpatroon, voor mijn domheid en decadentie. Ik denk aan kinderen met vliegen op hun ogen en opgezette buiken terwijl ik de Prada-tas een hoek in schop en mijn eigen handelen vervloek. De hele kredietcrisis is waarschijnlijk aan mij te wijten, ik ben het uithangbord van de westerse hebzucht, een wandelend cliché, een op uiterlijke zaken gerichte antihippie. Als mijn vader me bezig zou zien zou hij zich omdraaien in zijn graf. Waar is mijn inhoud? Ik ben toch kunstenaar? Waarom wil ik alles hebben wat glimt? Waar is mijn zelfbeheersing, mijn soberheid, mijn *less is more*-gevoel? Als een bank die op het punt staat staatseigendom te worden overweeg ik mezelf onder curatele te laten stellen, zodat ik überhaupt geen geld meer kan uitgeven. Eigendom van de staat. Lijkt me heerlijk.

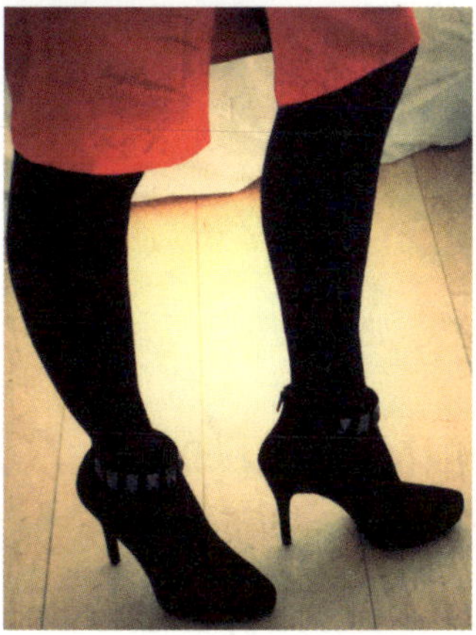

# Vragen voor Carice van Halina:

1. Welke man wil jij graag zijn?

... ...

Ik wil geen man zijn.

Waarom?

2. Hoe zie je mij het liefst?

lachend

3. Welk uniform zou je graag dragen?

een matrozenuniform. Als 't maar een hoofddeksel bevat. Eigenlijk een Donald Duck outfit.

4. Wat is je liefste / grootste / diepste wens op dit moment?

Rust. Vooral in mezelf.

5. Op wie of op wat ben je jaloers?

Ik benijd mensen die precies doen waar ze zelf zin in hebben. Altijd. Zonder gêne.

6. Welk beroep zou je willen dat ik heb (geen actrice)?

Dierenverzorgster. Haha.

## 7. Welk kledingstuk wil je hebben maar kan je niet betalen? $$$

Alle jurken van Dior die ik heb mogen dragen op premières, maar die kosten pak 'm beet tussen de 30 en 50.000 euroots, dus jammer. Helaas.

## 8. Welke topsporter zou je willen zijn & waarom?

Roger Federer. Tennis is een van de weinige sporten die ik leuk vind om te doen en de mentale druk en excitement tijdens een wimbledon wedstrijd zou ik wel willen ervaren. Bovendien zou ik dan ook gewoon een lekkere gast zijn...

9. Wat is de duurste jurk die je OOIT hebt gedragen & wanneer?

Jurk van Dior
en een keer Chanel

10. Wie is de meest aantrekkelijke vrouw van NL.?

(je mag iedereen noemen, behalve mij & jij)

Ik vind Tjitske (Reidinga) heel mooi

## 11 Als alles MOGELIJK was, en jij ALLES kon, welk beroep zou je dan NU kiezen?

Astronaut. Ik MOET die ruimte in man.

## 12 Waar ging je 1e spreekbeurt over op school?

Over de middeleeuwen, maar kreeg een laag cijfer omdat het onderwerp te moeilijk was! Ben er nog steeds pissig over.
Daarna nog een keer een spreekbeurt over Japan, waar ik een 10 voor haalde en op de middelbare school een over Laurel & Hardy. Met bolhoed en alles.

# 13 Teken jezelf:

Aah gatver, Ik lijk wel een
ah whatever
een depressieve duitse schrijfster
of zo.

14. Als ik een MAN was, vroeg je me dan verkering?

yep.

15 Als jij een BOEF was, zou je dan A. een hitman, B. een afperser of C. een inbreker zijn?

Wat een vraag, Haal! Maar vooruit: C. Inbreker. geen idee waarom. Peel that onion, dr. Freud!

## 16 Wat voor moeder zou jij zijn?

Een bezorgde, waarschijnlijk veel te sentimentele, maar wel lieve. Denk ik.

## 17. Wat vind jij sexy?

1. humor
2. intelligentie
3. mooie handen
4. talent
5. massage
6. zelfverzekerdheid (niet te verwarren met arrogantie)
7. taalgevoel
8. muzikaliteit
9. man in mooi pak
10. baardgroei (mannen)
11. mooie benen

NIET SEXY = ijdelheid
overgestylde mannen

18. Wat voor MAN zou jij zijn?

A. macho/player
B. verlegen/nerd
C. sportief.
D. Een combinatie van A & B. Ongrijpbaar dus.

19. Welk speelgoed mis je het meest uit je jeugd?

Ah, dat vind ik een lieve vraag!
Mecano. (is het antwoord)
(& m'n gummetjes)

# 20. TEKEN MIJ:

Je weet toch, Ik kan niet zo goed tekenen. Ik heb iets geprobeerd na te tekenen.

21

# Je bent 85 jaar oud, waar ben je? Wat doe je?

Ik speel een potje klaverjas met vrienden. Op de achtergrond mijn lievelingsmuziek en spelende kleinkinderen. ~~[illegible]~~ Gatver wat burgerlijk, maar toch.

# 22. Schrijf 3 goede eigenschappen van jezelf op:

1. gepassioneerd
2. begripvol / empathisch
3. creatief

ja jems! Ik vind deze vragen niet zo leuk

# 23. Schrijf 3 slechte eigenschappen van jezelf op:

1. ongeduldig
2. driftig
3. lui

## 23. Leg me nou eens uit wat er zo leuk is aan hondjes:

Hondjes zijn ontroerend. Je kunt ermee communiceren, je kunt ze dingen leren. Ze zijn trouw.
Ik hou 't meest van honden-wenkbrauwen.
En zwemmende honden is 't liefste wat er is. The End.

## 24. Welke man mag jou 24 uur meenemen zonder dat je weet waarheen? ♥♥♥

gaat je niks aan haha

25. Schrijf 3 goede eigenschappen van mij op:

1. je kunt goed luisteren
2. je bent heel empathisch
3. je bent zorgzaam

26. Schrijf 3 slechte eigenschappen van mij op:

1. je komt altijd te laat
2. je kan een beetje schuw zijn
3. je kan ook een beetje dominant zijn

LESKIN
Designed for
note

ITALIAN SAUSAGE
LONDON MEAT CO.

# OUT OF AMSTERDAM

# UIT

# THUIS

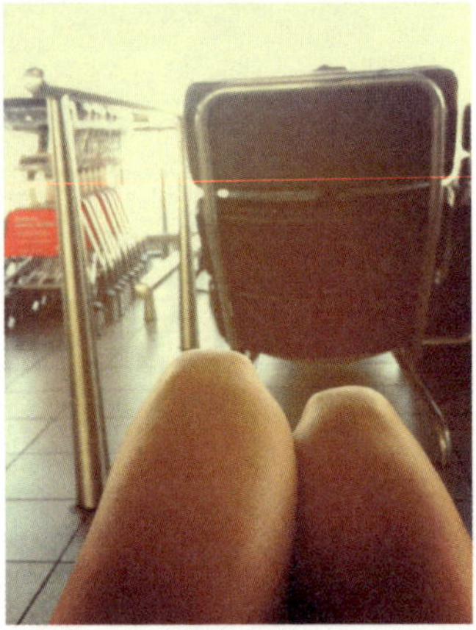

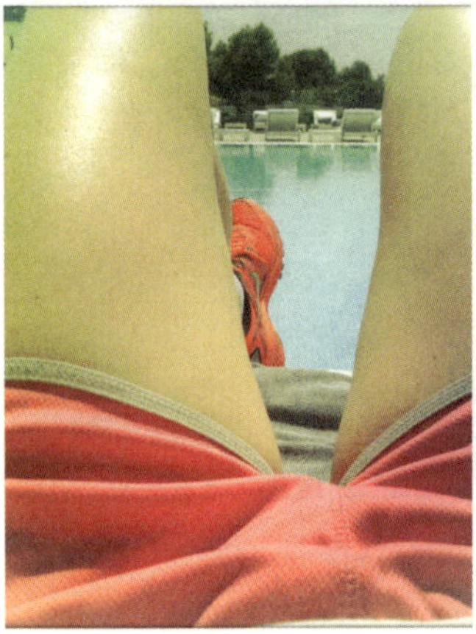
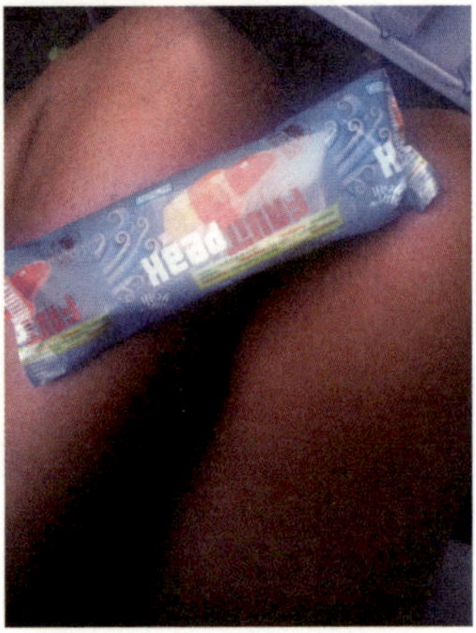

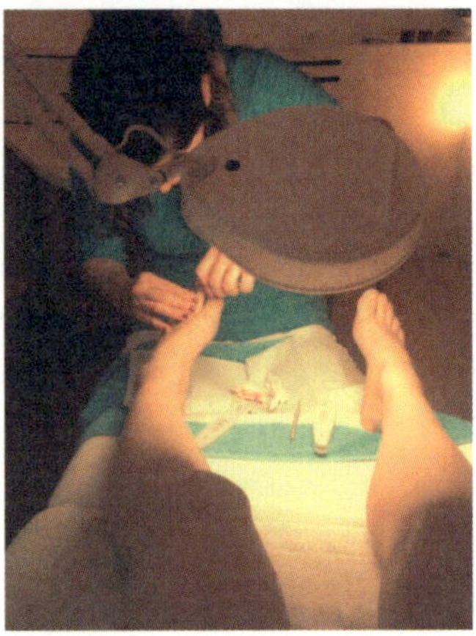

# ‘Ik koop een wrak van een auto en rijd rond alsof ik James Dean ben.’

Er is maar één plek in Los Angeles waar ik over wil schrijven. Op deze locatie komt alles samen waar de stad voor staat: Hollywood-glamour, rock-’n-roll, roem, hoop, dood, drugs en eenzaamheid. Er zijn films geschreven, gedraaid, bedacht, gebroken en gehypet. Er zijn legendes van balkons gesprongen, liefdes ontstaan en carrières vernietigd: Chateau Marmont aan Sunset Boulevard.
De geschiedenis en oude verhalen zijn in dit hotel overal voelbaar. De geur van personages uit vervlogen dagen hangt in de gordijnen, waart rond in de wc en heeft bezit genomen van het stoffige meubilair. Je struikelt er over de sterren, de wannabe’s, de artiesten, hipsters en nobody’s.
In een land zonder geschiedenis, waar alles nieuw en hol voelt, is het een verademing te toeven op een plek waar vergane glorie een criterium lijkt.
De kamers zijn niet voorzien van de laatste trends op het gebied

van slaapcomfort; integendeel, ze ontberen iedere vorm van moderne luxe. Donkere eikenhouten bedden, jarenvijftigkitchenettes en slecht verlichte gangen dragen bij aan het filmische gevoel van drama dat in het hele hotel hangt.

Als ik 28 ben besluit ik een jaar te stoppen met werken. Vanaf mijn zeventiende ben ik non-stop bezig geweest en plotseling slaat de paniek toe. Er is geen tijd om vrienden en familie te zien, te reflecteren, uit te ademen of zelfs plezier te maken. Ik speel de ene na de andere dramatische rol op het toneel of in films en heb het gevoel nog voor mijn dertigste uitgewrongen en opgedroogd te eindigen in een bejaardentehuis voor artiesten.

Als ik word gebeld vanuit Amerika om castings te doen en mensen te ontmoeten besluit ik dat dat de perfecte aanleiding is om te vluchten. Ik wil weg. Weg van mijn werk, van mijn collega's, mijn agent, de pers, het jachtige leven, zelfs van mijn vrienden. Ik heb het benauwd en weet niet of ik nog wel acteur wil zijn. Ik neem twaalf maanden vrij. Van de VandenEnde Foundation ontvang ik een beurs om lessen te nemen. Mijn baas Ivo van Hove toont begrip en stelt *Het temmen van de feeks* zelfs een jaar uit zodat ik twaalf maanden weg kan.

Met knikkende knieën kom ik aan

in het Beloofde Land. Hier moet ik mezelf opnieuw gaan uitvinden, denk ik, en de angst slaat me om het hart wanneer ik uitkijk over het lelijke, zich eeuwig uitstrekkende industrieterrein dat Los Angeles heet. Een paar keer eerder reisde ik af naar dit oord, maar altijd in het kader van een of andere meeting voor mijn werk en de laatste keer om de Oscaruitreiking bij te wonen. De showbizzstad kwam mij toen heel anders voor. Ze leek te flikkeren van de vrolijke partylampjes en te bruisen van potentie en mogelijkheden.
Triestig, grauw en hard komen de straten mij nu voor. Zonder centrum en uitgestrekt over een enorme hoeveelheid land is het lastig grip te krijgen op het geheel. Er is nauwelijks architectuur om van te genieten of straten om door te wandelen. Zonder auto ben je hier niemand. Er wórdt simpelweg niet gelopen en doe je dat wel omdat je geen rijbewijs hebt zoals ik, dan stoppen vriendelijke Amerikanen voor je om je in veiligheid te brengen of wordt er bij elke stap die je zet waarschuwend naar je geclaxonneerd.

De eerste tijd zit ik opgesloten in mijn kamer en kom ik alleen naar buiten om samen met de studentchauffeur naar de een of andere verschrikkelijke auditie te rijden. Al snel besluit ik dat Hollywood niets voor mij is. Ik voldoe niet aan het schoonheidsideaal en voel me een vreemde *corky* eend in de Amerikaanse gepolijste wereld van perfect symmetrische jukbeenderen en *bone structures* die erom vragen uitgelicht te worden. Ik ben eenzaam en depressief en wil naar huis.

Tot ik begin met rijlessen nemen. Door mijn Cubaanse tandeloze rijinstructeur verandert mijn blik op deze stad helemaal. Eenmaal achter het stuur opent de stad haar poorten voor mij. Binnen twee weken krijg ik tot mijn verbijstering van de staat Californië mijn *driver's license* overhandigd. Ik koop een wrak van een auto en rijd rond alsof ik James Dean ben. Ik ontdek de charme van de verschillende buurten, de coole winkels, de prachtige bioscopen, de *places to be*. En juist op de plek waar de halve wereld naartoe is getrokken om acteur te worden, vind ik mezelf als mens terug. Daar waar iedereen om me heen blind van verlangen naar roem en erkenning achter een grote wortel aanholt, keer ik me af en kan júíst hier mezelf beschouwen, los van mijn beroep.

Nooit meer ben ik zo gelukkig geweest om niets. Een *tank full of gas*, een muziekje erbij en aan mij had je geen kind meer. Ik had nooit gedacht dat ik het zo goed kon vinden met mezelf zonder stimulerende prikkels van buitenaf. Bijna dagelijks reed ik tevreden over Sunset Boulevard en telkens werd mijn aandacht getrokken door een kasteelachtig gebouw dat boven de bomen uit torende. Ik besloot mijn stoute schoenen aan te trekken en een kijkje te nemen bij het Efteling-paleis.
Mijn wrakkige Daewoo Lanos parkeerde ik uit het zicht en langs een hoge muur die het kasteel statig beschermde, wandelde ik richting ingang.
Voor de deur stonden gespierde mannen met oortjes uit te beelden dat er roem beschermd moest worden, maar ik had inmiddels geleerd welke vanzelfsprekende blik mij toegang gaf tot elke viproom en liep nonchalant naar binnen.

Binnen wachtte mij een oase van rust. Uitnodigende oude banken, donzige sofa's en knuffelige tapijten heetten mij welkom. Even waande ik me weer in Europa met de afgebladderde oude muren en antieke tafels. Grote openslaande gietijzeren deuren leidden naar een prachtige tuin. Achterin was een palmbar. Gebiologeerd door de magische plek nam ik plaats op een rieten stoel en pakte mijn laptop uit mijn tas.
*'Would you like anything to drink or eat?'* vroeg een ober.
Gelukzalig knikte ik en dacht: hier ga ik niet meer weg. Hier blijf ik voorlopig zitten. Hier schrijf ik een boek.
En zo geschiedde.

EXIT
KENT

# ‘Tussen Leonardo DiCaprio en een zwetende Cameron Diaz.’

Ik ben heel rusteloos van aard. Dat heb ik van mijn vader, snel verveeld, wil altijd weg kunnen. Het voordeel van mijn werk is dan ook vaak dat nomadenbestaan. Ik heb al zoveel families gehad, bij elke film of toneelstuk kreeg ik nieuwe ouders, broers en zussen. Ik ben graag onder de mensen, maar ben toch ook best een *loner*. Sinds ik ook veel in het buitenland werk, ben ik veel alleen onderweg. Vaak met het vliegtuig. Er was een tijd, een aantal jaar geleden, dat ik twee keer per week vloog en zelfs weleens drie keer op een dag op Schiphol was. Toen ik eens van de ene filmproductie naar de andere vloog, trok ik in één dag over drie continenten. Van Rabat naar Parijs, van Parijs

naar Montréal en van Montréal naar Toronto. Dat was een beetje te veel van het goede; aan het eind van die vlucht was ik zo de weg kwijt, had ik een overstap bijna gemist en wist ik absoluut niet meer hoe laat het was en wie ik zelf überhaupt was, van de pure jetlag. Vervolgens werd ik door een douanebeambte onbeschoft toegesproken, wat me niet zinde, en ben ik tegen een grote pilaar in de aankomsthal gaan trappen. Toen werd ik op tijd aangesproken door iemand die me waarschuwde niet verder te gaan, omdat ik dan opgepakt zou worden.
Vliegen vind ik normaal gesproken heel fijn. Het voelt als mijn enige moment om na te denken, naar buiten te staren (ik vraag altijd om een raamplaats), te mijmeren. Het is het enige moment dat ik niet word afgeleid door prikkels, e-mail, telefoon en gewoon uren niks kan doen.
Bij aankomst op een nieuwe plek moet ik altijd een beetje wennen. Toen ik voor het eerst in Los Angeles aankwam was ik vooral verbaasd over hoe lelijk alles was. Het voelde alsof ik erin was getrapt. Ik snapte niet wat mensen er te zoeken hadden. Ik miste Amsterdam, de pleintjes, kerken, riviertjes, bruggetjes. Ik deed er 'the rounds', langs castingdirectors en producers, het maakte me erg ongelukkig. M'n grappen en zelfspot over cellulitis werden niet begrepen. Het was duidelijk de bedoeling jezelf aan te prijzen in plaats van te ondermijnen. Al snel kreeg ik toch een kijkje in het sterrendom. Ik werd uitgenodigd voor Oscarfeestjes in Beverly Hills bij producenten thuis, waar Ben Affleck en Harrison Ford op de bank zaten en alle vrouwen van boven de vijftig eruitzagen als Michael Jackson.
Op een ander feestje in een penthouse van het *Pretty Woman*-hotel stond ik ineens tussen Leonardo DiCaprio en een zwetende Cameron Diaz te dansen op muziek van Prince, die twee meter verderop

gitaar stond te spelen. Dat voelde als Hollywood zoals ik het bedacht had. Spannende blikken, grappige gesprekken, belachelijke rijkdom en luxe. De volgende dag zat ik echter alweer huilend in mijn auto een Big Mac te eten op het parkeerterrein van een McDonald's. Ik voelde me zo alleen, had zo veel heimwee, ik wist niet goed meer wie ik was. Het voelde alsof ik mezelf opnieuw moest zoeken en uitvinden. De Carice uit Amsterdam met al haar vrienden en succes was weer in het bange, verlegen, allenige grijze muisje veranderd. Het enige wat me troost bood was de geur van eucalyptus langs Sunset Boulevard. Ik leerde dat er geen plek op de aarde is waar je je kunt verstoppen voor jezelf. En zeker niet in Hollywood.

Nu, een paar jaar later, ben ik veel meer van Amerika gaan houden. Ik ken er nu beter de weg. L.A. heeft me toch verleid. Ik heb er lieve, warme vrienden. Het geeft me een enorm gevoel van vrijheid om in m'n auto door L.A. te rijden. Een meeting bij Warner Bros., in m'n eentje sushi eten, een *table-read* van mijn favoriete cartoon *The Simpsons*, karaoken met Bill Murray, *Pretty Woman*-tje spelen op Rodeo Drive, beetje liggen op Venice Beach en de zon. Altijd de zon. Ik hartje L.A.

H

# ‘Ik wil hotelkamers, ontbijtzalen, stations, vliegvelden, Skype en mijn collega’s inruilen voor vaste telefonie, fysiek contact, familie, vrienden en mijn eigen vertrouwde bedje.’

Al weken lang vertoef ik in de Franse stad Rennes. Niet omdat ik zin had om eens lekker op vakantie te gaan, vreemde culturen op te snuiven en met een baguette onder mijn arm wijn te proeven, nee, wij komen hier met onze toneelgroep een voorstelling creëren. De mensen in Rennes lijken zeer verheugd met onze komst. In elk restaurant worden wij gastvrij begroet en wijzen de obers enthousiast naar de poster van de voorstelling die op elke muur prijkt. Alle avonden spelen wij voor uitverkochte zalen en zelfs de repetities worden bijgewoond door de bevolking van deze vriendelijke stad. Als de première achter de rug is vertrekken wij vrijwel direct met het hele team op een tournee dwars door Europa. Wij krijgen nauwelijks de tijd om onze vuile was te reinigen want nog voor we goed en wel onze koffer hebben uitgepakt worden wij geacht ons te melden bij de volgende incheckbalie, *meeting point* of vertrekhal. Berlijn, Lissabon, Tampere, Luik. Wat leuk!, hoor ik u denken. Wat een dol avontuur! En dat is het ook, maar de heimwee slaat bij mij na een paar dagen genadeloos toe. Ik wil hotelkamers, ontbijtzalen, stations, vliegvelden, Skype en mijn collega's inruilen voor vaste telefonie, fysiek contact, familie, vrienden en mijn eigen vertrouwde bedje. Ik wil mijn eigen dak, mijn huis, mijn haard, mijn straat. Losgeslagen zoeven wij over de aardbol, van stad naar stad van land naar land. Wij strijken neer en stijgen weer op alsof het niks is. Alles aan dit nomadenbestaan is tijdelijk, niets beklijft. De beste pasta, brie of braadworst van de wereld kunnen mijn verlangen naar hartje Amsterdam niet weg nemen. De hoeveelheid sterren op de gevel van weer een nieuw onderkomen kunnen mij niet bekoren. Elke keer wanneer ik de plastic sleutel in een deur duw verlang ik naar het ouderwetse draaien van het ijzer in mijn eigen slot. Minstens twee keer per week check ik ergens in, en weer uit. Altijd onderweg, altijd in beweging. Mijn privéleven staat *on hold*. Ik heb mezelf door mijn werk op stand-by gezet. 'Ben zo terug,' staat er op mijn hoofd te lezen. Maar voorlopig is het eind van deze reis nog niet in zicht. Ik wil zo graag mijn anker uitgooien maar dat kan dus niet.

'Ergens inchecken en dan niet meer weggaan,' piep ik tegen een goede vriend terwijl ik veel te dure cola-light uit de minibar drink en op mijn zieligst in de Skype-camera tuur. Ik hoor hem vermoeid zuchten. 'Hou toch eens op met klagen.'

Ik grijp naar de hotelchocola.

'Thuis is nergens, thuis is overal. Thuis is daar waar jij het creëert.'

Terwijl ik het bruine surrogaat voor liefde in mijn mond prop staar ik naar mijn halfuitgepakte koffer, tijdschriften, lege blikjes cola-light, een handdoek over de stoel, een volgeschreven notitieblok en kan niet anders dan hem gelijk geven.

'Ik gooi mijn anker uit naar jou,' besluit ik.

'Of een zwemband naar jezelf,' oppert hij.

Ik moet lachen.

'Thuis is waar je hart is. Schrijf het op een mentaal tegeltje en hang het aan je schedeldak.'

Dat helpt, voorlopig. Maar als *home is where the heart is*, ben ik nog lang niet thuis.

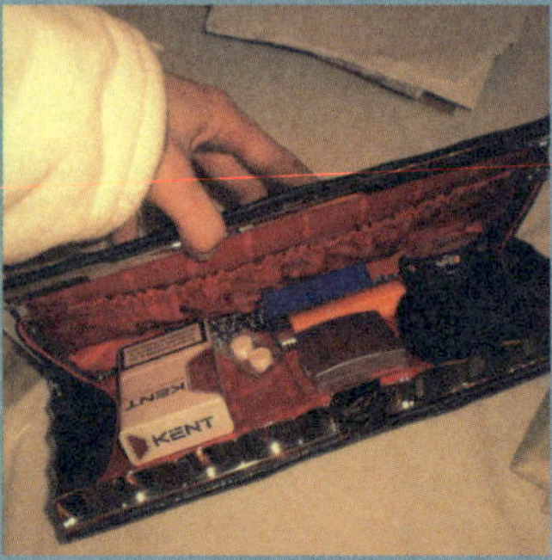
KENT

27-3

-A72

Gruß aus Berlin
OPERATION WALKÜRE
DAS STAUFFENBERG ATTENTAT
TALENT HANDLER
CAR ORGANISATION
TALENT TRAVEL
SECURITY

Ik ben nu vier dagen in Kamalaya, een hemels oord in Thailand, aan het ontspannen, en aan het genieten van het heerlijke gezondste eten dat ik ooit heb geproefd en van de zachtaardigste mensen die ik ooit heb ontmoet. Niet eerder werd ik zo liefdevol gemasseerd, gescrubd, gestretcht en ingepakt. Tegelijkertijd heb ik mijn ergste angst recht in de ogen gekeken. Vier slangen in totaal hebben mijn weg gekruist in dit jungleparadijs. Al van kindsbeen af ben ik als de dood voor deze dieren. Overal verwachtte ik ze; onder mijn bed, in de kast, of happend naar mijn billen vanuit de wc-pot. Op mijn twaalfde begonnen mijn ouders zich zorgen te maken over de kinderangst die een fobie leek te worden. Ze stuurden mij naar een wijze man die mij mededeelde dat ik in een vorig leven was gedood door een slang. In één klap waren mijn slapeloze nachten voorbij. Op de een of andere manier gaf die gedachte mij rust. Als ik niet beter wist zou ik denken dat ik hier in Thailand Eva was die verleid werd om een hap te nemen van de verboden appel. De eerste slang die ik zag zat gekruld om een raamkozijn in een behandelkamer waar ik gemasseerd zou worden. De masseuse gilde het uit en wrong zich door de smalle deuropening waarin ik stond langs me heen naar buiten. De tweede zag ik een dag later. Hij had enkel zijn huid achtergelaten aan het balkon van mijn junglevilla. Angstaanjagend wapperde zijn vel pontificaal in mijn zicht aan de terrasbalken. Vervolgens zag ik een kleine *garden snake* in hoog tempo door het struikgewas schieten bij het zwembad. En zojuist overkwam me waar ik mijn hele kindertijd bang voor was: terwijl ik in totaal ontspannen staat terugwandelde naar mijn strandhuisje na een zalige Indiase rugmassage, en mijn sleutel net uit mijn tas haalde om de deur te openen, zag ik een prachtige, grote, gifgroene slang op mijn drempel. Zijn achterlijf bevond zich in het huis onder de deur, terwijl zijn bovenlijf omhoog kronkelde, met zijn kop trots in de lucht en zijn nieuwe vel glanzend in de tropische zon. Ik keek recht in zijn reptielenogen. Een haast Bijbels tafereel was het: ik in mijn witte wapperende zomerjurk oog in oog met het groengekleurde monster uit mijn kinderdromen. Secondelang dacht ik dat ik hallucineerde voor ik in het Engels om hulp begon te schreeuwen. Tuinmannen kwamen aangesneld en schoten kordaat te hulp, maar ik wist dat het kwaad was geschied. Ik kon dan wel in een spiritueel *retreat* zijn waar monniken samengeleefd schenen te hebben met cobra's in een grot en verlichte zielen met dieren konden praten, maar ik wist dat ik nooit meer in dat huis zou slapen. Ook al zetten ze honderd slangenvallen en strooien ze overal poeder waar de slang niet van houdt, ik had met mijn eigen ogen gezien dat hij vond dat dit niet mijn vakantiehuis was maar het zijne en dat hij zich zo klein kon maken dat hij zich met gemak door de smalle kier tussen mijn deur en de drempel kon wurmen. Dus wat belet hem om de luxe buitenbadkamer die bij de woning hoort in bezit te nemen en zich te nestelen in het toilet?
Even later begeleidt het lieftallige personeel mij naar een nieuwe, prachtige kamer in het hoofdgebouw van het hotel, op de hoogste verdieping. Ze overtuigen mij ervan dat ik daar veilig ben. Ik vraag me bezorgd af waarom elke hotelgast die ik spreek al jaren in het retreat komt en nog nooit heeft gemerkt dat er slangen waren, terwijl ik binnen een paar dagen de volledige slangenbevolking van Ko Samui heb mogen ontmoeten. *'Means good luck, means you good luck!'* zegt het Thaise meisje. En daar vertrouw ik dan maar op.

LUCK

# INSPIRERENDE VROUWEN

JESSICA

CT UP: Twenty-Five Years On
Candice Bergen on Forgetting
NEW YORK
HBO's New Comedy
'GIRLS'
Is the Ballsiest Show on TV
By Emily Nussbaum

# WERK

'Halina Reijn wil een gorilla bevruchten.'
'Halina Reijn doet gewoon haar ding.'
'Halina Reijn overweegt engagement in te laten vriezen.'
'Halina Reijn winkelt graag bij Xenos.'
'Halina Reijn vindt mensen verschrikkelijk.'
'Halina Reijn huilt zichzelf in slaap.'
'Halina Reijn vindt moeder opnieuw uit.'
'Halina Reijn gespot op Tsjechische gamebeurs.'
'Halina Reijn is heel besmettelijk.'
'Halina Reijn gebruikt liever een kam dan een borstel.'
'Halina Reijn snapt aantrekkingskracht fascistische man.'

'Halina Reijn heeft zoiets van.'
'Halina Reijn put energie uit eigen vagina.'
'Halina Reijn wordt neerslachtig van alle dagen zon.'
'Halina Reijn babbelt zich stoned.'
'Halina Reijn eet graag kokosbrood.'
'Halina Reijn heeft moeite met oversteken.'
'Halina Reijn pijpt Jan Mulder.'
'Halina Reijn strijdt tussen afstotelijk en lelijk.'
'Halina Reijn had vroeger een cd-i-speler.'
'Halina Reijn zoekt nuance in relatie.'

bron: www.geenstijl.nl

H

# 'Wat betreft masochistische vrouwenrollen heb ik mijn hoogtepunt bereikt.'

In de strijd tussen leven en werk, staat leven twee-nul voor. Niet omdat ik nou zo'n enorm interessant bestaan leid, integendeel, feitelijk ben ik de godganse tijd aan de arbeid, maar op een gegeven moment ben je genoeg in je gezicht gespuugd, geslagen, geduwd, gekeeld, aan je haren getrokken en verkracht om nog fris en fruitig naar je werk te gaan iedere morgen. Er komt een dag dat alle vernederingen, de geforceerde overgave en de geveinsde onderwerping te veel zijn geworden. De behoefte om een *Falling Down*-situatie te creëren neemt op zulke momenten toe en als de trailer van die film op repeat in je hoofd staat weet je dat je alert moet zijn. Michael Douglas mag dan in het bezit zijn van een TEC-9 om zijn ongenoegen mee te uiten in een fastfoodrestaurant, ik moet het doen met mijn blote handen en mijn tong. Ik maan mezelf tot kalmte met de wetenschap dat ik zelf actrice wilde worden, dat ik erbij was toen ik me specialiseerde in onderdanige vrouwenrollen aan het grote Nederlandse toneel. Ze kunnen nu eenmaal niet allemaal Hedda Gabler heten. De meesten zijn onschuldige maagden, hoeren of kwetsbare, halfgekke moederfiguren. Over het algemeen bijten ze niet of nauwelijks van zich af en als ze dat wel doen worden ze in rap tempo door een man getemd. Het klassieke toneelrepertoire is niet gisteren geschreven, het vrouwbeeld was destijds nogal, laten we zeggen, 'anders' dan tegenwoordig. Meestal zijn het de mannen die de dienst uitmaken, die reflecteren, zich ontwikkelen en actie ondernemen. Wat betreft masochistische vrouwenrollen heb ik mijn hoogtepunt bereikt. Als iemand in het bijzijn van publiek nog een keer zijn lippen op de mijne drukt, een hand om mijn hals legt of me in mijn gezicht spuugt, kies ik het ruime sop om nooit meer om te keren. Dit is toch geen normale baan? Mag ik alsjeblieft naar een of ander kantoor overgeplaatst worden? Kan iemand mij komen redden? Staat er nog een leuke vacature open? Is er ergens in de stad een bureautje leeg? Ik kan best een beetje typen en ben reuze leuk met mensen. Een van-negen-tot-vijfbaan lijkt mij het ultieme paradijs. Alles om weg te komen van de adem, het speeksel, de ledematen van mijn mannelijke tegenspelers. Misschien iets in de dierentuin? Of beter nog met planten? Geef me een baan die ik aan de kapstok kan hangen als ik thuiskom, die geen ultieme overgave en passie behoeft. Laat me, al is het maar voor even, een burgerlijk bestaan lijden, met vrije tijd en hobby's, met huisdieren en familieverplichtingen. Laat me gewoon een tijdje met rust. Mijn knieën zijn kapotgespeeld, ik wil graag op een stoel zitten, liefst de hele dag en als een collega me bij de strot grijpt of zijn tong in mijn mond steekt, wil ik dat graag melden bij een vertrouwenspersoon als een ongewenste intimiteit. Ik voel het aan alles; in de strijd tussen werk en leven gaat leven winnen, definitief.

SPORT
XXL
ILLUS

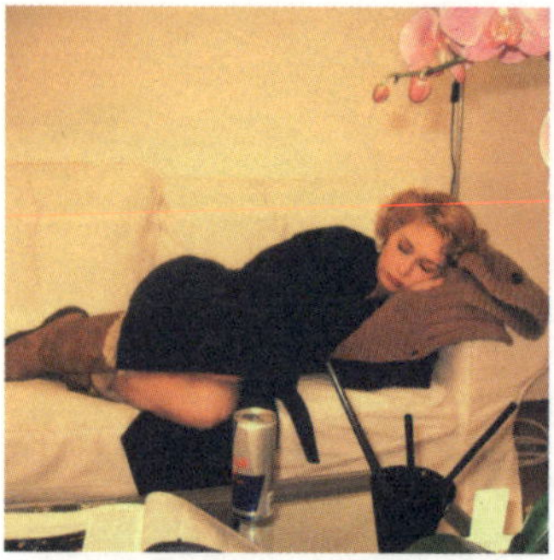

tiff

Rembrandt AWARDS

NEDERLANDS
FILM FESTIVAL

# 'The glamourous life.'

Ik heb geheel onverwacht de 'Best Actress Award' gewonnen op het Tribeca Film Festival in New York en direct na de uitreiking wordt me gevraagd of ik naar het Quincy Jones-feestje ga. Ik knipper drie keer met m'n ogen en zeg likkebaardend: *'Sure!'*

Ik rij mee met een grote man, type basketballer, die een documentaire heeft gemaakt over stand-upcomedians in Egypte. Hij gokt dat ik 25 ben. Mijn avond kan nu al niet meer stuk. Aangekomen worden we voorgetrokken in een lange rij voor de club. Binnen is een klein rood lopertje, waar Ice-T staat te *shinen.* Terwijl ik een gouden 'access all areas'-bandje omkrijg, hoor ik ineens achter mij wat opgewonden gesis. Daar zal je Quincy hebben. We volgen hem verder de club in. Stoer loop ik met mijn gouden polsbandje naar het vipgedeelte. Daar zit Robert 'Bobby' De Niro. Ik schud hem de hand, hij schudt schuchter terug. Ice-T loopt het podium op en begint Quincy te prijzen om zijn stimulerende *attitude.* Dat is een mooie eigenschap voor een producer. Ondertussen krijgt Bobby De Niro een ontspannende hoofdmassage van zijn vrouw en begin ik aan mijn tweede ginger ale-wodka. *The glamourous life.*

VALKYRIE
AMSTERDAM

# 'De prijs als metafoor voor transformatie.'

Wekenlang was ik nerveus. Niet alleen omdat ik deze prijs zo graag wilde winnen, maar vooral omdat ik het gênant zou vinden als het niet zou gebeuren. Ik zag het allemaal voor me. De medelijdende blikken, de schouderklopjes, mijn teleurgestelde moeder, de woede van mijn vrienden: 'Jezus, weer niet? Wat moet je dan nu nog bewijzen?'
Op zo'n avond transformeer je van feestelijk genomineerde in rap tempo tot winnaar of verliezer. De verliezende rol wilde ik niet spelen. Het voelde alsof alle pijlen prangend richting het podium wezen. Bijna twintig jaar trouwe dienst aan het toneel verdiende een kroon, maar aan de andere kant waren mijn twee concurrenten niet te onderschatten. Beiden dijken van actrices. Buitensporig getalenteerd en bovendien twee collega's van Toneelgroep Amsterdam. Het was toch ook een beetje alsof ik mijn zusjes moest verslaan om op dat toneel te mogen klimmen.

Carice kwam al om zes uur naar de schouwburg met twee shotjes wodka en tolereerde mijn gesputter niet. Ze zei: 'Je wilt er toch ook een beetje van genieten?'
Gespannen zat ik met mijn visagiste en Pascalle, die onze kleding verzorgde, in een van de kleedkamers. Ik had zin om uit te pakken en samen met Pascalle hadden we gekozen voor een sexy lange paarse jurk met split en duizelingwekkend decolleté. Al voor de ceremonie begon ontstond er een relletje, omdat we baldadig een foto de sociale-mediawereld instuurden waarop ik zonder kleding, maar compleet afgedekt onderuit in de make-upstoel hing. Met mijn nietsverhullende jurk en prach-

tige massief gouden panterketting van Cartier riep ik klaarblijkelijk verbijstering op bij het betreden van de zaal.
We namen plaats en zwoegden door het scala van prijzen heen op weg naar de allerlaatste uitreiking. Voor het eerst gaven ze eerst de Louis d'Or aan de beste mannelijke hoofdrol om de Theo d'Or voor beste vrouwelijke hoofdrol te bewaren als grote finale. De wodka had zijn werk gedaan en ondanks mijn bonzend hart daalde er rust over me. Carice kneep mijn hand fijn van de zenuwen en siste dat ze iemand zou vermoorden als ik hem nu niet kreeg.
Toen ik mijn naam hoorde huppelde ik op mijn absurd hoge hakken de trap op alsof ik werd gedragen door honderd engelen. En hoewel ik er een dagtaak van had gemaakt de afgelopen jaren om te roepen hoe onbelangrijk prijzen waren, voelde ik me bevrijd van iets enorms.
Ik keek naar de duizend artiesten en hun vrienden en familie die de stoelen bevolkten en wist dat er voorgoed iets veranderd was. De prijs als metafoor voor transformatie. Iets is volbracht. Een afsluiting en een nieuw begin. In een waas bedankte ik wie daar recht op had en droeg de gouden plak op aan mijn vader, die ook kunstenaar was en hopelijk vanuit de hemel trots op me neerkeek.
In de vroege ochtend baande ik me een weg naar huis en rolde als een verfomfaaide Cate Blanchett uit *Blue Jasmine* mijn drempel over, prijs in de hand. De tsunami van eenzaamheid die me daar overspoelde was te verwachten. Hijgend spoedde ik me naar mijn bed en zette me schrap.
'Brace, brace!' hoorde ik fictieve stewardessen roepen, terwijl ik in slow motion keihard neerstortte van mijn *cloud nine* op de weerbarstige aarde. Er was niemand in dit huis om mijn prijs aan te tonen. Ik liet hem achter in een hoek en greep me vast aan mijn teddyberen die nog altijd niet vervangen waren door vlees en bloed en me met hun knuffelige lijven voor de zoveelste keer redden.

THEO D'OR IS EEN TONEEL- EN ACTEERPRIJS VOOR DE BESTE VROUWELIJKE HOOFDROL EN WORDT ELK THEATERSEIZOEN UITGEREIKT.

# ‘Als een echte machorockster zit mijn vriendin tussen haar bandleden.’

De hele dag ben ik bloednerveus en kribbig, alsof het om mijn eigen dochter gaat die vanavond haar liedjes ten gehore gaat brengen in het legendarische Paradiso in Amsterdam. Ik gedraag me onvoorspelbaar, heb het warm en voel mijn maag in opstand komen bij elke poging die ik doe om te eten. Wel vijf keer bel en sms ik naar alle vrienden of ze in godsnaam niet te laat komen omdat we vooraan moeten staan, zodat ze ons kan zien en we haar kunnen steunen. Hekken houden een enorme rij tot aan het Leidseplein in bedwang. Jonge K3-achtige meisjes, oudere hoogopgeleide heren, dikke dames, bebrilde nerds, allemaal kijken ze reikhalzend uit naar de ingang van de historische poptempel, waar ze straks naar binnen zullen lopen om hun idool te zien. Ik kan het moeilijk geloven dat mijn kleine, lieve Carice hier binnen luttele uren als de eerste de beste rock-'n-rollgodin haar opwachting zal moeten maken. Vol trots maar diep angstig aanschouw ik de hordes fans die zijn toegestroomd om in haar nabijheid te zijn. Het liefst zou ik haar willen behoeden voor al die blikken, oordelen, grijpgrage Hollandse zweethanden en opdringerige stalkers, maar ik weet heus wel dat ze op aarde is gekomen om dit te doen: om mensen te ontroeren, te vermaken, te raken met haar stem, lijf en hart.
‘Maar ze is zo klein!’ roep ik tegen onze vrienden die mij zuchtend proberen te negeren.
‘Zij of jij? Over wie heb je het nu eigenlijk?’
Beteuterd kijk ik naar mijn speciaal voor de gelegenheid zwartgelakte nagels. ‘En bovendien, ze wil het toch zelf!’
Maar ik weet dat het zo simpel niet is. Acteurs, zangers en musici zijn niet per definitie aandachtziek, ze verlangen bijna nooit naar het po-

dium. 'Waarom denk je dat de helft van die types een shotje zet, een dozijn bètablokkers slikt of een fles Jack Daniels leegzuipt voor ze het podium betreden? Laat "de gewone man" op kantoor zijn werk maar eens doen terwijl er tweeduizend mensen naar hem staren, het is voor iedereen de aperte hel.'

Om exact half negen loopt ze met haar dunne beentjes, die haar nauwelijks lijken te kunnen dragen, in een prachtig jurkje en op gevaarlijk hoge hakken haar beulen tegemoet. Haar gezicht is bedekt door een kanten sluier die een instant *Eyes Wide Shut*-sfeer creëert in de hete concertzaal, waar we dicht op elkaar gepakt ademloos wachten op haar eerste lied. Ze lijkt volledig naar binnen gekeerd te zijn, gefocust op wat haar te doen staat. Ik knijp de armen van mijn vrienden tot moes en durf bijna niet te kijken als ze haar mond opent en begint te zingen. Loepzuiver en trefzeker vult haar warme stem de zaal. Opgelucht halen we *en groupe* adem als het eerste nummer succesvol ten einde is gekomen. Bij elk nieuw liedje lukt het me meer om de zangeres te zien in plaats van mijn beste vriendin. Ik ben diep onder de indruk van haar stoere vakmanschap en kan zorgeloos genieten van een goed concert. Net als ik een beetje los begin te komen en wat voorzichtige danspasjes waag temidden van de anonieme menigte, richt ze plotseling vanuit het niets het woord tot mij en deelt me mee dat het volgende nummer voor mij is bedoeld. Als een weekdier begin ik direct te huilen, het liefst was ik ter plekke door mijn knieën gezakt om haar ten huwelijk te vragen, mijn enige overgebleven vrijgezelle kameraad, mijn hopeloze tweelingzieltje, mijn partner in crime en andere zaken, maar ik blijf ferm op mijn beide benen staan en luister aandachtig naar haar zoete stem.

Na afloop drinken we wodka en whisky in de afgebladderde kleedkamers. Als een echte machorockster zit mijn vriendin tussen haar bandleden en trekt mij bij zich op schoot. 'Wil je met me trouwen?' fluistert ze in mijn oor. Ik zeg volmondig ja en beëindig daarmee in één keer al onze eenzame vrijgezellenproblemen.

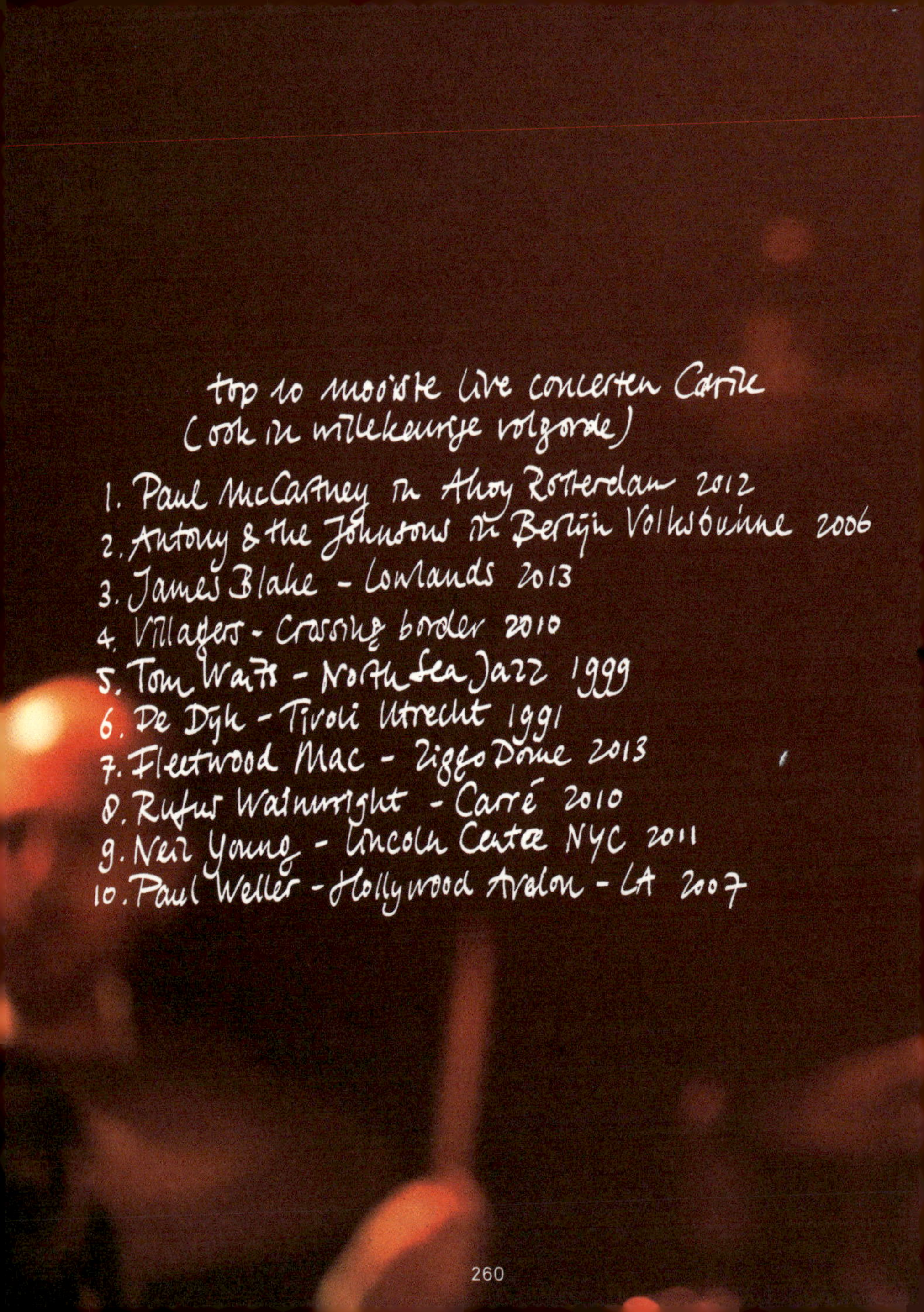

top 10 mooiste live concerten Carrie
(ook in willekeurige volgorde)

1. Paul McCartney in Ahoy Rotterdam 2012
2. Antony & the Johnsons in Berlijn Volksbuhne 2006
3. James Blake - Lowlands 2013
4. Villagers - Crossing border 2010
5. Tom Waits - North Sea Jazz 1999
6. De Dijk - Tivoli Utrecht 1991
7. Fleetwood Mac - Ziggo Dome 2013
8. Rufus Wainwright - Carré 2010
9. Neil Young - Lincoln Center NYC 2011
10. Paul Weller - Hollywood Avalon - LA 2007

# 'C'est le ton qui fait la musique.'

Ik ben neergestreken in een weelderige vakantievilla met negen goede vrienden. Ter compensatie van het feit dat ik in de keuken minder dan niets voorstel neem ik het stukje amusement voor mijn rekening. Het is een ongeschreven regel geworden. Ik verplaats de meegebrachte iPod van de keuken naar het zwembad en weer terug. *It's a tough job, but someone's gotta do it.*
Terwijl R. en A. zelf sushi maken, ben ik belangrijk aan het doen over de artiesten op mijn iPod, omdat ze liever niet hebben dat ik me met het maken van sushi bemoei. Wanneer ik op vlakke toon vraag of ik iets kan doen, duwt A. verschrikt een tiental wasabizakjes in mijn hand. 'Knijp die maar helemaal leeg en doe maar mooi in een bakje,' antwoordt hij mij vaderlijk.
Ik heb Joni Mitchell opgezet. Niet iedereen in mijn omgeving kan dat waarderen, mijn sushimakende vrienden gelukkig wel. We luisteren naar Joni door de jaren heen: voor en na haar operatie, Joni en jazz, Joni alleen. Joni staat op repeat.
Ik denk zelfs Joni te proeven in de zalm-avocadomaki's. Net voordat de rest zich aan haar begint te irriteren, spring ik op en zet speellijst ZOMERRRRRRRRRRRR op.
Timing is alles. Wanneer we de laatste sushi verorberen roept iemand hoe blij hij is met mijn playlists. Okee, ik mag dan een ramp zijn in de keuken, *c'est le ton qui fait la musique.*

Blood on the tracks

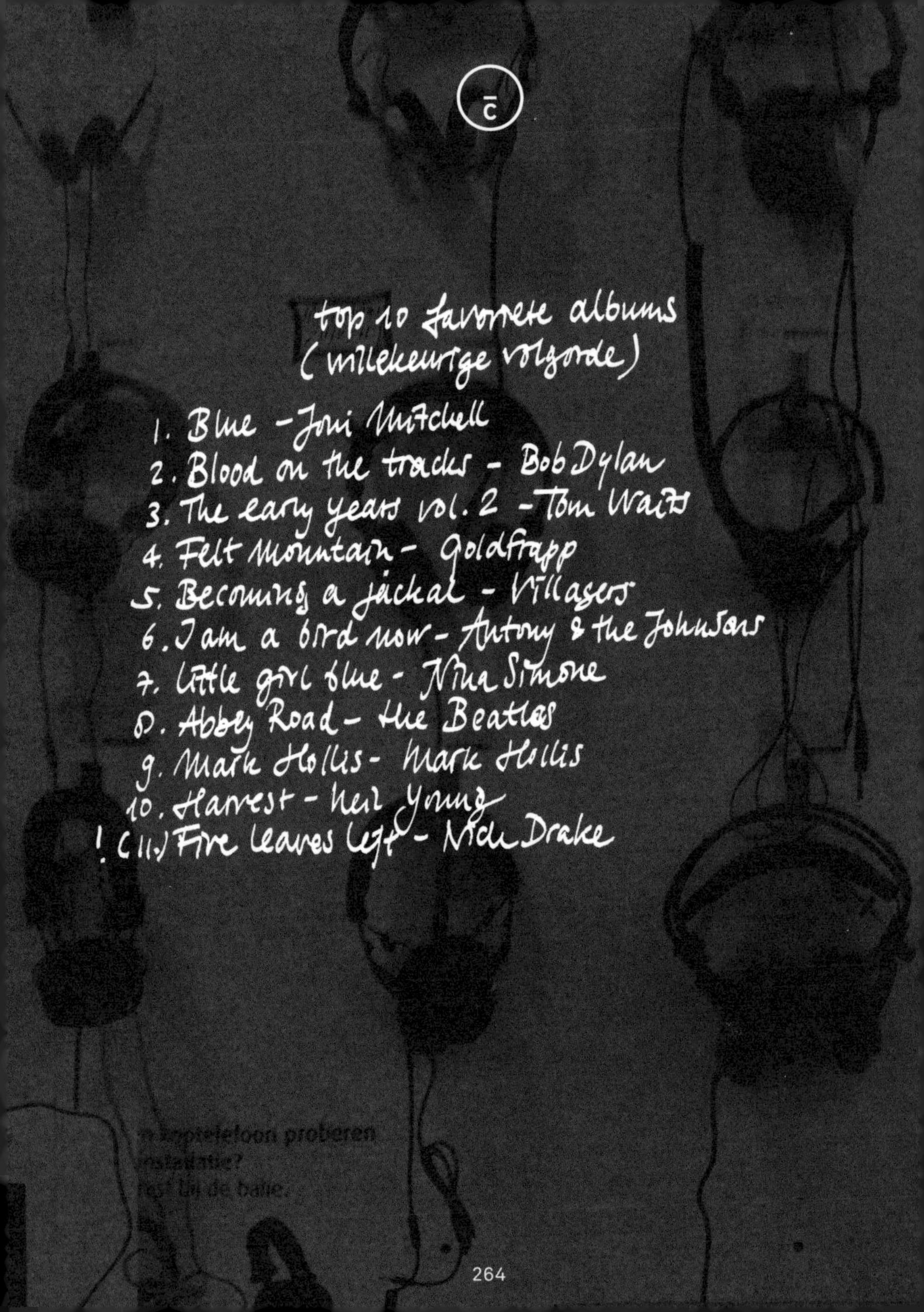


top 10 favoriete albums
(willekeurige volgorde)

1. Blue - Joni Mitchell
2. Blood on the tracks - Bob Dylan
3. The early years vol. 2 - Tom Waits
4. Felt Mountain - Goldfrapp
5. Becoming a jackal - Villagers
6. I am a bird now - Antony & the Johnsons
7. Little girl blue - Nina Simone
8. Abbey Road - the Beatles
9. Mark Hollis - Mark Hollis
10. Harvest - Neil Young

! (11.) Five leaves left - Nick Drake

1. Old man ~ Neil Young
2. In the club ~ 50 cent
3. Mercy ~ Kanye West
4. Where did you sleep last night? – Nirvana
5. Rack City – tyga
6. Green eyes – Coldplay
7. Started from the bottom – Drake
8. Yumeji's theme – Shigeru Umebayashi
9. Canto Ostinato
10. Bugatti – Ace Hood
11. Make you feel my love ~ Bob Dylan
12. the beautiful ones – Prince

# ETEN DRINKEN

C

BERLIJN
LOCANDA PANE
ACKERSTRASSE 17, BERLIJN
-
Teringlekkere Italiaan. Superpasta's (met truffel!) en heel bijzondere wijnen. Hier heb ik vele romantische diners gehad met mijn Duitse ex-geliefde. Ook een restaurant waar we een aantal keer met Tom Cruise zijn geweest.

MADRID
RESTAURANTE BOCAITO
CALLE DE LA LIBERTAD 6, MADRID
-
Sober, authentiek, simpel, maar ongelooflijk lekker.

LOS ANGELES
SUSHI PARK
8539 SUNSET BLVD, WEST HOLLYWOOD
-
Misschien wel het lelijkste Japanse restaurant waar ik ooit geweest ben, maar met de lekkerste sushi. En ik heb daar heel veel sushi gegeten. Prijzige toko wel.

LONDEN
YAUATCHA IN SOHO
15-17 BROADWICK STREET, LONDON
-
Een chic Chinees restaurant. Heel lekkere cocktails. En om de hoek bij mijn lievelingshotel, het Soho Hotel.

NEW YORK
GIORGIONE
307 SPRING STREET, NEW YORK
-
Hier heb ik de winter van 2009 in één week drie keer gegeten met een niet nader te noemen 'ex-teen-idol en wannabe-drummer' uit Amerika. Op de bank rechts achterin brak hij mijn hart. Heel lekkere gefrituurde artisjokken, dat wel.

LISSABON/CASCAIS
MAR DO INFERNO
AVENIDA REI HUMBERTO II DE ITÁLIA 241
CASCAIS 2750-800
-
Hier heb ik allerlei zeezaken gegeten die ik nooit eerder at.

Lievelingseten Carice
MACARONI MET KAAS

Je kookt elleboogjesmacaroni. Na het afgieten gooi je daar twee handjes geraspte kaas doorheen. Ketchup erbij, doorroeren en klaar!

FOODWARE (Looiersgracht 12, Westerstraat 116, Cornelis Krusemanstraat 11) is een keten waar ik graag eet. Het is een soort traiteur waar je ook kunt eten. Alles is biologisch. De hoen met truffelsaus is met stip binnengekomen op nummer drie in mijn voedsel top 3:
1 Spaghetti bolognese
2 Gebakken spruitjes
3 Hoen met truffelsaus

Lievelingseten Halina
KIP UIT DE OVEN

Dit recept heb ik ooit van Annet Malherbe geleerd. Een hele kip volstoppen met knoflook en citroenen, de huid inwrijven met olie en daar zeezout en verse tijm overheen strooien. Altijd biologische kip kopen, zelfs de Albert Heijn verkoopt ze.

Ik vind alles lekker. Zelfs vliegtuigeten gaat er bij mij in als koek. Doordat ik nu wat meer van voedsel weet, eet ik veel minder koolhydraten. Je behoudt meer energie zonder brood, rijst en pasta en je huid en lichaam zien er daardoor tien keer beter uit.

## Boeken:

Anna Karenina – Tolstoj

Catcher in the rye – J.D. Salinger

Less than Zero – Bret Easton Ellis

l'Histoire d'O – Pauline Reage

A million little pieces – James Frey

Lanzarote – Michel Houellebecq

Metamorfosen – Ovidius

SENECA
Boris O. Dittrich
De waarheid liegen
Collectors Classics
ZWART BOEK

# GEEST

'Elke avond zat ik op mijn kinderknieën naast mijn bed en bad tot God om mij te redden van de spot en hoon die mij te wachten stonden.'

Ik was een jaar of zes toen ik besloot me te bekeren. Omdat de steinerschool nogal ver van ons dorp was, ging ik een tijdlang naar een katholieke school. Mijn ouders geloofden in God, Allah, karma, dharma, reïncarnatie, buitenaards leven, Rudolf Steiner, Bhagwan, Krishnamurti en noem het allemaal maar op, maar niet in de kerk. Volgens hen was de kerk een dogmatisch instituut dat mensen onderdrukte in plaats van bevrijdde. Op dat punt was ik het fundamenteel oneens met mijn vader en moeder. Ik vond de kerk een geweldig gebouw met mooie ramen, dramatische beelden, theatrale rituelen en ik was verliefd op Jezus, met zijn bebloede voeten, zijn gespierde buik en sexy lendendoek, die aan het kruis genageld, levensgroot in onze kerk hing. Bovendien wilde ik helemaal niet vrij zijn.

Ik fantaseerde voortdurend over strenge leraren, priesters, dictators en andere dominante figuren die mij opdroegen wat ik moest doen, zodat ik niet zelf hoefde te bepalen wat ik wilde met mijn leven. Mijn zus vond het ook een goed idee om met God te trouwen, zoals wij het tot afgrijzen van mijn ouders noemden. De spirituele manier van denken die bij ons thuis gangbaar was, schreef nu eenmaal voor dat het kind zelf weet wat het beste voor hem of haar is, dus stemden mijn papa en mama ermee in. Als vrome katholiek deed ik een paar jaar later eerste communie. Maandenlang leefden we ernaartoe. Onze pastoor gaf ons les in de kelder van de kerk, waar we de meest interessante dingen leerden over het leven en de hemel. Algauw viel mij op dat de meisjes in mijn communieklas het eigenlijk helemaal niet over goed en kwaad en mijn geliefde Jezus wilden hebben, maar alleen maar geïnteresseerd waren in de jurk die ze zouden dragen ten tijde van het ritueel. Terwijl ik dacht dat we bezig waren met de essentie van het menselijk bestaan en dat onze geestelijke gids ons stap voor stap inwijdde in de geheimen van de wereld, bleek dat mijn leeftijdsgenoten het hele project beschouwden als een willekeurig *fashion event*. Wit moest-ie zijn, wit met ruches en kant. Tule was een optie en lange linten in het haar. Zachtroze lakschoenen met een hakje waren absoluut noodzakelijk. Met grote ogen luisterde ik naar hun gesprekken, die ze fanatiek fluisterend voerden voordat de pastoor er was, of buiten op de stoep als we wachtten op onze ouders. Sommigen hadden zelfs plaatjes bij zich die ze uit de Wehkampgids hadden gescheurd. Mijn maag keerde zich om. Ik kende mijn moeder langer dan vandaag, zij zou haar spinnewiel tevoorschijn halen als ik om een jurk vroeg en eigenhandig vilt gaan maken in een badje, ook zou ze woest oude lappen aan elkaar beginnen te naaien, alles paars geverfd in een emaillen emmer, de heilige kleur van de hoogste chakra. Nee, ik moest mij wenden tot andere familieleden om mijzelf te redden. Niet het vroomste meisje zou de ster van de communiedag zijn, maar het bestgeklede prinsesje. Nooit zou ik mijn ouders duidelijk kunnen maken dat zelfgemaakte jurken, speelgoed, cadeautjes, kaas, tafels en stoelen op geen enkele manier te verkiezen waren boven kleding, voedsel, poppen, meubels, en alle andere zaken die je in een ordinaire winkel kon kopen. 'Als iets zelfgemaakt is, is het veel meer waard,' hadden ze me proberen te leren, en met dat opvoedingssysteem mij precies het tegenovergestelde bijgebracht. In blinde paniek belde ik stiekem met mijn lievelingsoma, die rijk, aards en antihippie was. Ik smeekte haar mij een jurk te geven maar ze vond het ongepast om mij illegaal te helpen. Elke avond zat ik op mijn kinderknieën naast mijn bed en bad tot God om mij te redden van de spot en hoon die mij te wachten stonden. Een dag voordat ik voor het allereerst het lichaam van Christus zou proeven had ik de hoop volledig opgegeven, toen mijn moeder op mijn slaapkamerdeur klopte. 'Kijk eens wat je katholieke tante uit Londen heeft opgestuurd!' In haar handen hield ze een hemelsblauwe jurk, compleet met witte kanten ruches en zachtroze onderrok. Terwijl ik mijn eerste *maaltijd van de Heer* verorberde voelde ik mij de koningin van de religieuze modeshow, ondanks mijn bruine hippiesandalen. Ik wist zeker dat Jezus vanuit de hemel tevreden naar me knipoogde.

Ik ben atheïstisch opgevoed: er kwam geen kerk aan te pas bij ons thuis. Mijn moeders familie was heel katholiek en mijn vaders vader was dominee, dus het was een tegenreactie denk ik. Ik weet dat niet zeker, want het was nooit onderwerp van gesprek. Ik zat wel op een katholieke school en daar kregen we godsdienstles, wat ik een erg leuk vak vond, maar ik heb daar niets over de *Bijbel* geleerd, het was meer een soort maatschappijleer. Jezus was geen leidend figuur in mijn leven, zal ik maar zeggen. We gingen wel naar kerken als we met vakantie waren. Daar werd ik angstig van, het deed me erg aan de dood denken. Ik ben bij veel begrafenissen geweest toen ik jong was: van vage kennissen, buurvrouwen, oude mensen. Kerken associeer ik met de dood.

De dood was een belangrijk thema in m'n leven, veel meer dan nu, gek genoeg. Mijn vader zei altijd: als je dood bent is het gewoon klaar, dan is er niets meer. Dat vond ik vreselijk eng. Ik was veel met de dood bezig. Ik was een echte hypochonder: altijd bang om dood te gaan. Ik sliep met een medische encyclopedie naast mijn bed. Ik maakte lijstjes van wat er op mijn begrafenis voor nummers gedraaid moesten worden.

Ik denk nog steeds dat het ophoudt als je doodgaat, maar ik word niet vrolijk van dat idee. Ik heb meer hoop gekregen en fantasieën over hoe het zou kunnen zijn, hierna. Ik sta open voor het idee dat we niet alles weten.
Pas veel later, toen ik 24 was, kreeg ik van iemand het boekje *De zeven spirituele wetten van succes* van Deepak Chopra, en dat heb ik in één ruk uitgelezen in de trein van Amsterdam naar Groningen. Toen gebeurde er echt iets, ik voelde me totaal verlicht. Ik begreep opeens hoe je óók kon leven: veel meer op een meta-niveau, niet meer steeds bezig zijn met kleine angsten, met ego. Alsof ik mijn oogkleppen afzette. Er staan zo veel wijsheden in dat boek. Hij begint net als in de *Bijbel* met: 'Gij zult niet oordelen'. Ik had

die neiging sterk, en was ook altijd bang dat mensen hard over mij oordeelden. Ik was altijd bezig met wat mensen van me dachten. Mensen denken ook snel iets, trekken conclusies, moeten direct ergens een stempel op drukken, maar niets is wat het lijkt. Als je het oordeel wegneemt word je ook milder voor jezelf.

Ik heb altijd een gevoel van eenzaamheid gehad. Als ik als kind achter in de auto zat, op de snelweg, dacht ik: al die mensen in al die auto's zijn alleen, laten we met z'n allen gezellig iets leuks gaan doen. Verbinden van mensen heft de eenzaamheid op. Dat is ook een van de redenen dat ik dit werk doe: troost krijgen en bieden. Dat mensen met je mee ademen als ze je zien spelen: zich met je identificeren. Het troost mij als een publiek mijn pijn kan voelen. Daarom vind ik het wereldkampioenschap voetbal leuk, en Oud en Nieuw. Dan is iedereen verbonden en voel ik me minder alleen. Dat gaat best ver. Als je uit het vliegtuig stapt loop je toch vaak in een groep met de andere passagiers naar de bagageband? Als ik dan onderweg moet plassen en de groep kwijtraak bekruipt me dat eenzame gevoel. Ik zoek nog steeds gezinnen op, daar voel ik me veilig bij. Dan ga ik in een hotel ontbijten en sluit ik me aan bij een leuk gezin dat ik daar ontmoet. Ik blijf op zoek naar de veiligheid van een gezinssituatie. Naar saamhorigheid.

## BOEKEN

Een van mijn favoriete spirituele boeken is *Een ongewoon gesprek met God*. Het is niet abstract, maar juist heel concreet: God is een afspiegeling van jezelf; God zit in iedereen. En God heeft humor in dat boek, gelukkig. Een ander fijn spiritueel boek is de klassieker: *De kracht van het Nu* van Eckhart Tolle. Het is heel helder, simpeler kan het bijna niet: leef in het nu. Maar juist dat kan verlammend werken. Ik snap het, maar waarom lukt het me dan niet altijd? Het benadrukt ook de verschillen tussen je ego en je

**'hogere zelf'. Een groot deel van onze gedachten worden bepaald door ego en je moet leren dat ego niet al te serieus te nemen. Dat heeft mij erg geholpen, ik kan namelijk nogal in een groef terechtkomen met mijn gedachten. Voor mij is afgewezen worden een *trigger* daarvoor; ik kan lang blijven kauwen op één woord, op één ding dat iemand gezegd of geschreven heeft. Dit boek geeft je een helikopterperspectief. Je kunt je gedachten van een afstand beschouwen en ze sorteren. Je zet ze voor je neer en concludeert: wat grappig eigenlijk, dat ik zo denk.**

MEDITATIE

**Ik heb een extreem onrustige geest, dus meditatie is heel goed voor mij. Het is fijn om je gedachten even stil te kunnen leggen; er even rustig naar te kunnen kijken, in plaats van steeds maar in die wervelwind te worden meegesleurd. Het is een stopmoment, een soort reset, die ook langer doorwerkt. Na het mediteren is het rustig in mijn hoofd, alsof ik mijn huis heb opgeruimd. Ik ben dichter bij mezelf. Ik heb thuis een kamertje ingericht met zo'n zwart kussentje en kaarsjes. Maar ondanks al die voordelen heb ik er uiteindelijk toch te weinig discipline voor en schiet het er meestal bij in. *Ah, well...***

Spiritualiteit was ontzettend belangrijk in mijn jeugd. Er werd veel over gesproken, er was een stiltekamer in ons huis met een witte cirkel op de muur waar mijn ouders gingen zitten mediteren, en er was altijd wel een of andere spirituele leider door wie ze geïnspireerd werden. Zelfs mijn naam is gekozen door Bapak, de Indonesische leider van Subud. Dat is een spirituele beweging waarop de serie *Lost* losjes is gebaseerd. Die is weer geschreven door kinderen van hippies in L.A. die ook in Subud zaten.

Het was een heel warme en prettige tijd. Er was veel liefde en tijd voor ons als kinderen; mijn ouders waren er altijd.
Ik heb nu zelf wel een soort commune om me heen gecreëerd. Ik heb een groep vrienden waar ik bijna iedere dag mee ben. We doen samen boodschappen, eten samen, kijken televisie; we delen de gewone dagelijkse realiteit met elkaar zoals een gezin dat doet. Omdat ik geen kinderen of man heb, is dat voor mij heel fijn. *Urban tribes* wordt het verschijnsel genoemd door een of andere demograaf. Volgens mij ga je dat meer zien in de toekomst; steeds meer hoogopgeleide vrouwen kunnen geen man vinden en zij vormen dit soort groepen.

Tijdens mijn studententijd kwam ik erachter dat die spiritualiteit weinig praktisch was; ik had nauwelijks *tools* om het echte leven aan te kunnen, terwijl ik juist wel graag die wereld in wilde. Ik had me heel bewust voorgenomen: geen armoede. Thuis was geld het slijk der aarde en totaal onbelangrijk. We leefden in de stijl dat nu helemaal hipster is: tweedehands kleren, zelf breien, kringloop. Ook wat we aten: zeewier, appeltaart zonder suiker, geen melkproducten, geen gist, geen suiker, al het eten was grauw. Ook daar heb ik me van afgekeerd toen ik uit huis ging.
Maar de kern van de spiritualiteit is altijd een gegeven voor me gebleven. Ik heb er een diep vertrouwen in dat we onderdeel zijn van iets groters en dat

is een zegen, vind ik. Ik zie om me heen dat veel mensen op zoek zijn naar betekenis. Voor mij is dat een vanzelfsprekendheid.

Ik vind het heel bijzonder om te zien dat het de afgelopen tien jaar veel geaccepteerder is geraakt om ‘spiritueel te zijn’. Bladen als *Happinez* verkopen geweldig, in bedrijven worden meditatiecursussen gegeven, je struikelt over de yogastudio’s, mensen praten er veel opener over. Vroeger was het iets om je voor te schamen.

Ik heb mijn eigen spiritualiteit ontdekt in L.A. Die stad ademt spiritualiteit en staat bekend als een plek waar veel spirituele bewegingen vandaan komen. Dat ligt misschien niet meteen voor de hand, maar er is daar een sterke tegenstrijdige kracht: de lege entertainmentwereld, die ervoor zorgt dat mensen juist zoeken naar diepere betekenis en zingeving. Religie, God, het hogere, hoe je het ook noemt, het is daar overal; iedereen praat erover, is ermee bezig. Je hebt er macrobiotische fastfoodrestaurants, een yogales is daar een diepe spirituele happening met wijze lessen over het hogere. Nederlanders zijn daar veel te nuchter voor, maar Amerikanen kennen geen ironie, die nemen het allemaal heel serieus. Ik heb me in L.A. verdiept in kabbala, Bikram, holistisch eten, ik heb meditatiecursussen gevolgd en een medium bezocht. Omdat spiritualiteit daar niet geassocieerd wordt met een wereld van geitenwollensokken, maar juist mooi en aantrekkelijk is, heb ik het weer teruggevonden en voelde ik me er opnieuw helemaal bij thuis.

## SPIRITUELE BOEKEN TOP 5

***Een ongewoon gesprek met God*** NEALE DONALD WALSCH
**'Dit boek vindt jou' staat ergens in het begin en zo was het precies. Ik was in L.A. in een tweedehandsboekwinkeltje en pakte een willekeurig boek uit de kast. Ik dacht nog: wat een domme titel. Ik heb het toch meegenomen en het is nog steeds mijn bijbel. Ik kan het iedereen aanraden. Het is spiritualiteit voor dummy's: alle vragen die je niet durft te stellen worden gesteld en beantwoord.**

***De kracht van het Nu*** ECKHART TOLLE
**De belangrijkste waarheid over het leven: identificeer je niet met je gedachten.**

***I Need Your Love – Is That True?*** BYRON KATIE
**Een praktisch boek waaraan ik veel heb gehad in het omgaan met de liefde en vooral met liefdesverdriet.**

***Terugkeer naar liefde*** MARIANNE WILLIAMSON
**Prachtig boek van een interessante schrijfster, graag geziene gast bij Oprah.**

***2012: De aarde op weg naar de vijfde dimensie*** UTE KRETZSCHMAR
**Dit vind ik een te gek boek, maar het is wel voor de hardcore zwever.**

# ‘Op weg naar huis voelen we ons enorm krachtig.’

Bij astrologe Greet Dol laten Carice en ik onze horoscopen trekken. Ondanks mijn spirituele achtergrond is het de allereerste keer dat ik iets meer te weten kom over mijn sterrenbeeld en alles wat daarbij komt kijken. Van tevoren ben ik intens nerveus, omdat ik niet weet wat me te wachten staat. Gaat ze mijn toekomst voorspellen, krijg ik dingen te horen die ik niet wil weten? Carice en ik drukken elkaar op het hart vooral niet over kinderwensen en enge ziektes te beginnen. Pogingen om de ondoorgrondelijke wegen van het lot te doorzien ervaar ik toch altijd een beetje als vals spelen. Zodra we op haar bank zitten word ik rustig. Deze vrouw is nuchter, slim, lief en grappig. Meteen gaat ze over tot het analyseren van onze persoonlijkheden. Soms is ze tot op de datum nauwkeurig met adviezen en het in kaart brengen van de komende maanden. Meteen zegt ze dingen die ze onmogelijk kan weten, maar die wel hout snijden. Ze praat ook over de overeenkomsten tussen Carice en mij. Greet vindt dat er een opvallende gelijke-

nis is. Niet vaak ziet ze horoscopen die zo overlappen en dezelfde soort levenspaden in zich dragen als de onze. Toch waarschuwt ze Carice en mij ook. Juist omdat we ogenschijnlijk dezelfde dingen meemaken en willen doen op deze aarde, moeten we oppassen niet in elkaar over te vloeien en te veel in elkaar op te willen gaan.
'De verschillen moeten gekoesterd en gevierd worden,' drukt ze ons op het hart. 'Jullie kunnen alles delen en samen ondernemen, maar het is ook van groot belang je individueel te blijven ontwikkelen.'
Het is voor ons allebei tijd om aan het roer van ons eigen schip te gaan staan. De uitvoerende rol is uitgespeeld, krijgen we te horen. Tijd voor actie, creativiteit, creatie.
Ik begin te gloeien, alsof ik van top tot teen bloos. Haar woorden zullen grote consequenties hebben. Niet alleen omdat het volgens Greet in de sterren geschreven staat, maar vooral omdat ze me aanspoort voor mezelf te kiezen, iets wat ik diep vanbinnen, verstopt onder vierenvijftig lagen van angst en gepieker, al maanden wist.
In plaats van zweverige waarzeggerij blijkt deze astrologiesessie vooral een inspirerend gesprek over essentiële levensvragen. Alsof iemand even de balans voor je opmaakt en je onder begeleiding afstand laat nemen en naar je eigen keuzes laat kijken. Zelfs als je niet gelooft dat de stand van de planeten van invloed zou zijn op onze levens, kan zo'n sessie denk ik een verrijkende ervaring zijn, omdat het altijd aanzet tot denken en je een frisse kijk geeft op ingesleten patronen.
Op weg naar huis voelen we ons enorm krachtig. Greet neemt de hele sessie voor je op, zodat je het gesprek thuis nog eens terug kunt luisteren, maar daar heb ik geen behoefte aan. Ik vind al die data en feitelijke voorspellingen niet zo interessant, wat voor mij overeind blijft is het gevoel dat het tijd is voor mij om mijn vrijheid te zoeken. In liefde en werk. Autonomie, dat is het woord dat feestelijk blijft hangen in mijn hoofd.

c̄

# ‘Halina en ik hebben belachelijk veel overeenkomsten.’

Ik zei nog tegen Halina van tevoren: ‘Ik heb geen zin in een zweverig verhaal over de sterren en de maan en we blijven maar kort, hoor.’
We hebben er zeker drie uur gezeten. Greet was vanaf de eerste seconde geloofwaardig en geen enkel moment zweverig. Het was als een gezellige relatietherapie, met thee en koekjes. Afgezien van allerlei persoonlijke zaken, spitste Greet zich vooral toe op onze vriendschap. Halina en ik hebben belachelijk veel overeenkomsten, maar Greet wees ons erop vooral ook de verschillen te zien en te erkennen. Zo is Halina’s werkethiek anders dan de mijne. Zij is pragmatischer, wil meer controle hebben, is gedisciplineerder. Ik ben meer een uitsteller, ik doe dingen graag in mijn eigen tempo. De geschiedenis leert me dat ik intuïtief wel weet wanneer ik iets moet doen. Dat kan op anderen lui of ongeïnteresseerd overkomen: toch ben ik een harde werker, maar op mijn moment en op mijn manier. Aan de andere kant ben ik zeer ‘anal’ in dingen. En punctueel. Ik kom zelden te laat. En als ik te laat kom, voelt dat heel vervelend. Ik vind het ook irritant als anderen te laat komen. Die tijdstic lijkt met de jaren te zijn toegenomen. Maar nu heb ik een excuus voor mijn woede als iemand te laat verschijnt: ik ben maagd! En maagden houden er niet van als je te laat komt!

# LATER

# ‘Ik schrok. De dood. Daar was hij weer.’

Waar andere zusjes elkaar opmaakten of fantaseerden over hun eerste kus, speelden mijn zusje en ik het spel ‘opbaartje’ of ‘afleggertje’. Je moest in een dramatische houding voor dood liggen en de ander moest je dan zo mooi mogelijk opbaren. Netjes de stijve handen vouwen, zacht de ogen sluiten. Het spel was afgelopen wanneer het lijk of de aflegger in de lach schoot. Maar de dood was niet om te lachen. Ik was er bang voor. Ik durfde niet uit de geërfde kristallen glazen te drinken omdat daar een lijk uit gedronken had. Ik wilde nooit trouwen, uit angst dat ik dan op een dag naast een lijk wakker zou worden.

Sinds de kist van mijn dode opa in de kerk met zo’n katholieke wc-borstel werd besprenkeld, kon ik de lucht van mirre en cederhout niet meer verdragen. Zelfs het eten van een uitvaartcake deed ik niet graag. De kleur van doodskistenhout vond ik eng. In mijn huis zou nooit een eikenhouten kast, handig televisiemeubel of praktisch opbergsysteem staan. Toen ik wat ouder werd, las ik in de krant de rouwadvertenties. Ik probeerde een systeem te ontdekken. Ik vroeg me af of het toeval was dat beide overledenen in maart waren geboren en in oktober gestorven waren. De dood was me te abstract.

Op een dag, ik woonde al alleen in Amsterdam, probeerde ik een pak kaasfondue te betalen met mijn pinpas, maar de pinmachine zei: pas ongeschikt. De vriendelijke groenteman stelde voor het de volgende dag te betalen. ‘Ik pof niet graag meer,’ zei ik volwassen, ‘ik bel de bank wel even.’ De meneer van de bank heette Wilfred. Hij ratelde iets over systeemfouten en magneetstrips, maar drukte me vooral op het hart niet in paniek te raken.

Toen het gesprek zijn natuurlijke einde naderde, kwam Wilfred met een verrassing: 'Als u geen vragen meer heeft, dan heb ik u nog iets te vertellen.' Ik hoopte op een vergissing van de bank in mijn voordeel.
'Mevrouw Van Houten, heeft u al een uitvaartverzekering?' Ik schrok. De dood. Daar was hij weer.
'Nee, eh, ik geloof van niet,' stamelde ik. 'Mag ik u dan kort informeren over ons voordelige basispakket?'
Uit respect voor de groenteboer en voor de kleine middenstand in het algemeen wilde ik ophangen, maar toch was ik nieuwsgierig.
'Een standaarduitvaart tegenwoordig kost algauw zo'n vijfduizend euro,' ging Wilfred zakelijk verder. 'Daar is bij inbegrepen de kist, de auto, de koffie, de cake. Met ons standaardpakket van 17 euro en 32 cent per maand, zit u geramd, mevrouw Van Houten.'
'Koopje,' antwoordde ik beduusd.
'Moet het lijk naar het buitenland worden verscheept?'
HET LIJK. Voor Wilfred was ik uitvaarttechnisch al dood.
'Ik ben niet zo'n reislustig type,' zei ik, 'dus ik hou HET LIJK liever hier.'
De groenteboer keek op. Wilfred was doodstil.
'Ik moet nu ophangen, Wilfred,' zei ik. 'Ik denk er een nachtje over na want ik sta met een pak kaasfondue in m'n hand. Mocht ik voor morgen onverhoopt komen te overlijden, toch bedankt voor de informatie.'
Ik hing op.
Toen ik thuiskwam, begon het me te duizelen. Wat had mijn bankpas in godsnaam met mijn uitvaart te maken? Wat wist Wilfred dat ik niet wist? Stond ik op een lijst? Waarom was Wilfred eigenlijk zo kil? Had ik De Dood zelf aan de lijn gehad? Nee, Wilfred was natuurlijk gewoon een slimme verkoper.
Maar terwijl ik mijn kaasfondue in het pannetje gooide, bekroop me de gedachte dat dit weleens mijn laatste avondmaal zou kunnen zijn.
Ik nam me voor, mocht ik de volgende dag toch levend wakker worden, Wilfred te bellen en hem te vragen of de cake uit het basispakket zou kunnen worden vervangen door kaastosti's.

‘Waar vroeger de huid strak gespannen was, bevinden zich nu putjes, plooitjes en vreemde lijnen.’

Vroeger dacht ik dat lichamen van vrouwen van boven de vijftig niet om aan te zien waren. In mijn hoofd waren het een soort wezens uit horrorfilms met doorschijnend wit vel, diepblauwe aderen en spinnenwebben in plaats van schaamhaar. Ik vond dertig al stokoud, laat staan veertig of vijftig. *The living dead* noemde ik ze in mijn hoofd. Ik vraag me af waar die ingebakken angst om ouder te worden vandaan komt. Als je mijn moeder vraagt naar haar liefde voor mijn vader vertelt ze standaard het verhaal van hoe papa tijdens hun huwelijksreis naar India tegen haar zei dat ze zo dik mocht worden als ze wilde en haar lichaamshaar nooit hoefde af te scheren. Nu ik zelf tegen de veertig loop, merk ik dat ik schrik als ik in een bepaalde comfortabele houding tv zit te kijken in een kort broekje en mijn blik opeens valt op mijn dijbeen dat helemaal verkreukeld van de cellulitis een compleet nieuw uiterlijk heeft gekregen. Waar vroeger de huid strak gespannen was, bevinden zich nu putjes, plooitjes en vreemde lijnen. Mijn beroep helpt niet mee. De serie *Charlie*, waarin ik een verslaafde verpleegster speelde, werd gedraaid zonder kunstmatig licht, waardoor elke vlek en rimpel overduidelijk te zien was. Als ik mezelf niet zou lastigvallen met verhalen over altijd jong willen blijven en seksuele aantrekkingskracht die ik koste wat het kost wil behouden, zou ik het wel een fascinerend proces vinden, dat langzame vergaan. Met grote bewondering kijk ik naar vrouwen die gracieus oud worden op het witte doek, zoals Emma Thompson, Charlotte Rampling, Isabella Rossellini, Diane Keaton of Jamie Lee Curtis. Maar als geen ander weet ik dat 99 procent van de actrices boven de dertig die je ziet in Hollywoodfilms van alles aan zichzelf laten doen. Bij grote studiofilms worden de beelden ook nog eens digitaal nabewerkt. In films als *The Curious Case of Benjamin Button* kun je die technieken duidelijk zien, omdat ze Cate Blanchett daar digitaal transformeren tot tiener. Een genuanceerdere vorm van digitale make-up wordt gebruikt bij publieksfilms in Hollywood. Zoals pornoactrices massaal hun schaamlippen laten verkleinen, zo laten filmsterren – mannen en vrouwen – hun leeftijdssporen systematisch wissen. En wij maar een ideaalbeeld nastreven dat niet eens bestaat.

ENJOY HERE
EVERY DAY
SUNDAY 'BRUNCH TIME'!
• OMELET
• YOGHURT • GRANOLA
• SOEP
• MEATLOAF
• RAVIOLI
• STEAK SANDWICH
• SALAD FROM THE BUFFET
• SWEETS
WINE & COCKTAILS

Buffet van odette

Ik heb me altijd prettig gevoeld in het bijzijn van ouderen. Waarschijnlijk omdat ik dan zelf jong kon zijn of omdat ik, sentimentele dweil die ik ben, mezelf had ingebeeld een oude ziel te zijn. Ja, ook ik heb in de hopeloze queeste naar de zin van ons bestaan de nodige new age-paadjes bewandeld. Zo ben ik ooit bij een mevrouw geweest die mij voor 120 euro ging vertellen hoe m'n aura erbij stond en wie ik in mijn vorige levens was geweest. Zo ben ik een woest aantrekkelijke zigeunerin geweest die haar kindje had verloren en na dit drama nooit meer een man aanraakte en uiteindelijk van verdriet gestorven is. Daarna kwam ik terug als een joods jongetje dat prachtig viool kon spelen, beter dan zijn leraar, maar uit loyaliteit naar zijn leraar niet boven hem uit wilde groeien en zo nooit de roem kreeg die hij verdiende. Daarna kwam ik even terug als lelijk eendje met een Donald Duck-complex en werd, zoals het een echte pechvogel betaamt, vroegtijdig doodgereden door een huifkar in de Dordogne en zo uit mijn prille eendenleven weggerukt. Van een dood eendje reïncarneerde ik in een opstandig Japans meisje dat geen maat kon houden en op jonge leeftijd al een sake-onthouding werd opgelegd. En, alsof het allemaal nog niet genoeg was, werd ik uitgehuwelijkt aan een Japanse krijger met een onuitsprekelijke voornaam, waardoor ik hem gemakshalve aansprak met zijn achternaam Guan. Na een afschuwelijk huwelijk van ruim drieëntwintig jaar ging ik maar weer eens dood om te kunnen transformeren tot een Russische tsarina. Ik kon geweldig kunstschaatsen en was gespecialiseerd in pirouettes, maar ik wilde eigenlijk een jongetje zijn. Echter, in het rijk der tsaren was nog niet zo gek veel ruimte voor een geslachtsverandering, dus schaatste ik op een dag roekeloos het Baikalmeer op, om nooit meer terug te keren. En toen werd ik een populaire Franse kapper met een hazenlip en een goed gevoel voor humor. Op mijn uithangbord prijkte trots de tekst 'Ik heb Brigitte Bardot geknipt'. Op de dag dat mijn kapsalon 35 jaar bestond kreeg ik al knippend een fatale beroerte. En nu ben ik hier. Laat ik maar zorgen dat dit leven een goed verhaal wordt.

# COLOFON

Carice van Houten en Halina Reijn zijn voor dit boek
niet gesponsord door externe partijen.

Eerste druk november 2013
Tweede druk (e-book) november 2013
Derde druk november 2013
Vierde druk november 2013


Omslag- en binnenwerkontwerp Scherpontwerp
Omslagbeelden © Janey van Ierland
Illustraties binnenwerk © Halina Reijn, Carice van Houten (Bob Dylan op pagina 263)
Collages 'Ideale man' pagina 113 en 117 © Mirjam Dijkema
Foto's binnenwerk © Carice van Houten, Halina Reijn, Philippe Vogelenzang (foto Daniel de Ridder op pagina 110), Amrita Panday (foto Carice en Halina op het Nederlands Filmfestival op pagina 252), Getty Images (foto Carice op het Toronto International Film Festival op pagina 252)
Foto's binnenwerk © Janey van Ierland pagina's 12, 13, 16, 36, 38, 39, 48, 49, 58, 59, 72, 73 (zwart-witfoto) 84, 88, 89, 92, 93, 94, 95, 96, 99, 106, 119 (Arie Boomsma), 126, 127, 140, 144, 146, 147, 151, 155, 166, 167, 175, 176, 181 (zwart-witfoto van Carice), 184, 185, 186, 187, 193, 195, 201 (foto Halina op sokken), 216, 217, 230, 234 (zwart-witfoto Carice' band), 238, 239, 250, 251, 252 (laatste zes foto's), 257 (zwart-witfoto van Halina), 260, 261, 266, 267, 269, 270, 271, 276, 280, 281, 291, 298, 299
Haarstyling: Ilse Moolhuizen (www.cosmichairweaving.com)
De teksten van Halina zijn deels eerder gepubliceerd in onder andere *DM Magazine* van *De Morgen*, en in *Jan*, de teksten van Carice zijn deels eerder gepubliceerd in *NL20.*